U0895472

刘　洋◎编著

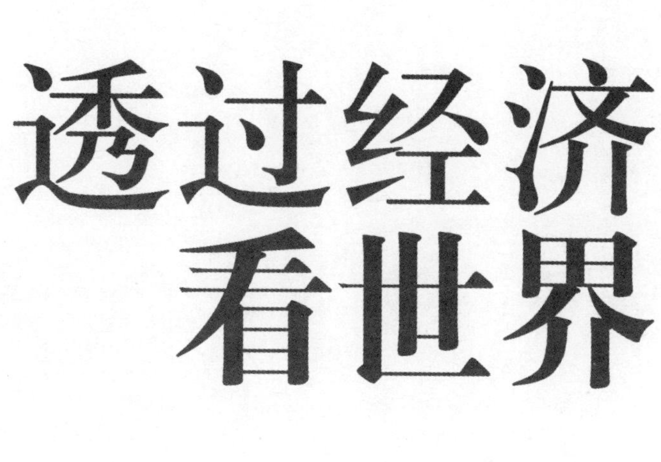

透过经济看世界

中国财富出版社

图书在版编目(CIP)数据

透过经济看世界 / 刘洋编著. —北京：中国财富出版社，2015.7

ISBN 978-7-5047-5730-2

Ⅰ. ①透… Ⅱ. ①刘… Ⅲ. ①经济学 Ⅳ. ①F0

中国版本图书馆 CIP 数据核字（2015）第 118544 号

策划编辑 宋 宇 **责任印制** 方朋远
责任编辑 宋宪玲 **责任校对** 饶莉莉

出版发行 中国财富出版社
社　　址 北京市丰台区南四环西路 188 号 5 区 20 楼 **邮政编码** 100070
电　　话 010-52227568（发行部） 010-52227588 转 307（总编室）
010-68589540（读者服务部） 010-52227588 转 305（质检部）
网　　址 http://www.cfpress.com.cn
经　　销 新华书店
印　　刷 北京京都六环印刷厂
书　　号 ISBN 978-7-5047-5730-2/F·2399
开　　本 710mm×1000mm 1/16 **版　　次** 2015 年 7 月第 1 版
印　　张 14.75 **印　　次** 2015 年 7 月第 1 次印刷
字　　数 205 千字 **定　　价** 32.80 元

前言 PREFACE

席卷世界的金融风暴和你餐桌上的马铃薯有什么关系？震惊世界的古巴导弹危机和一场关于薪水的谈判有何相通之处？为什么你从没见过的美元会决定你能买到几个鸡蛋？为什么你的未婚妻非要一枚钻戒作为结婚戒指？为什么无论你是种白菜还是买卖股票，总不能摆脱赔钱的命运？

这些问题只有一个答案：经济学。

在这个全球化的信息时代，经济学毫无疑问经历了200年来最辉煌的发展阶段。一方面，经济学在模拟科学方面远远走在了其他社会科学的前列，数学和统计学被大量应用在经济学中，使经济学的研究技术相当先进和发达，经济学家对经验数据的分析能力大大改善，从而使经济学家在参与公共政策的制定和评论方面获得了发言权；另一方面，经济学作为一种独特而合理的学科，在过去的几十年被广泛地应用于其他社会科学的研究中，其思想不断地渗透在政治学、法学、社会学、家庭和环境问题的研究当中，形成了独特的“经济学帝国主义”现象。

更为重要的是，在任何社会中，经济都会渗透于生活的方方面面，可以说，每一项经济活动都与我们的生活有着千丝万缕的联系，任何人想要置身事外都是不可能的。你可以不懂核子物理，不懂高分子化学，甚至不会计算机编程；但是不懂经济学，会让你步履维艰。

经济规律以各种形式在暗中支配着人们的生活和商务活动，了解、掌握经济学的游戏规则，并且将这些规则自觉地运用到日常生活和商务实践中去，将能很好地调整我们的行动和策略，把握经济先机，以最小的投入获得最大的收益。

可以说，经济规律是一只“看不见的手”，它在默默地指挥着经济的运行和变化。我们可以不是经济学专家，但是不能不懂经济学常识，更不能不懂与我们日常生活息息相关的经济规律。

当然，像任何一门学问一样，经济学也有深有浅，深邃的经济学是经济学家所要研究的，而日常生活中的经济学常识，却是生活中的普通人必须了解和掌握的。本书就是一本为普通人量身定做的关于经济学常识的通俗读物，揭示那些看似纷繁复杂的热点新闻和历史事件背后的经济学原理，将抽象、深奥的理论还原为浅显易懂的事理常规，不仅普及了经济学的知识，还能够帮助读者正确地运用经济学，让经济学更好地为自己服务。

掌握这些与生活紧密相关的经济规律，将有助于我们更深入地把握住经济活动的本质，看清隐藏在复杂事物表象下的真实世界，从而提高自己对待财富、处理金钱、衡量利益的财富智商。

刘洋

2015 年 4 月

目录
CONTENTS

第一章　到处都有经济学

经济学的理论，建立在理性的“极大化”这一假设之上，也就是说，经济学假设每个人都会在局限下选取对自己最有利的选择。因此，分析经济问题时必须承认三个假设：人们面临权衡取舍；某种东西的成本是为了得到它而放弃的东西；理性人考虑边际量。大到国际贸易，小到柴米油盐，都可以从这三个假设中找到结论。

第二章　透过货币看世界

很多人认为，经济学就是"算账的"。这个观点不能说完全正确，但是很生动地揭示了经济学的基本功用。数据是经济学研究问题的基本材料，通过经济数据，我们才能了解经济运行的具体状况；而经济数据很大程度上又是以货币数值的形式来体现的，因此，货币和数据是我们通过经济了解世界所必备的两种工具。

第三章　透过市场看世界

在几乎所有的经济学教科书中，都有一个种植土豆的农民和一个牧羊的牧人，然后他们交换各自的产品——土豆和羊肉。交换，或者说贸易，是经济学得以存在的基础。没有了交换，经济学也就失去了用武之地。在世界各地无数市场中，无时无刻不在进行的交换行为，是经济学最吸引人的景象。

第四章　透过商品看世界

商品，是为交换而生产的劳动产品。商品经济本质上是交换经济，是开放型经济，是以扩大再生产为特征的、开拓进取的经济。正是商品经济的发展，才让我们的世界进一步产生分工合作，摆脱“男耕女织”的单调场景，变得复杂而多彩起来。人与商品，在这个全球化时代已经难以割离。

第五章 透过投资看世界

俗话说："钱生钱，不犯难。"随着人民生活水平的逐渐提高，"投资理财"重新成为人们关心的热点。对个人来说，"你不理财，财不理你"，投资可以增加收入，改善生活。而对国家和社会来说，投资是经济增长的基本推动力，是经济增长的必要前提。只有恰当投资，才有经济的活力。

第六章 透过博弈看世界

博弈，是人们在平等的对局中各自利用对方的策略变换自己的对抗策略，达到取胜的目的。作为理性的"经济人"，只有经过博弈，才能使自己的收益最大化。人与人之间、企业与企业之间、国家与国家之间无时无刻不在进行着博弈，每个经济行为背后都闪烁着博弈论的智慧。

第七章　宏观经济看世界

宏观经济学，是使用国民收入、经济整体的投资和消费等总体性的统计概念来分析经济运行规律的一个经济学领域，主要包括经济增长、经济周期、失业、通货膨胀、国家财政、国际贸易等方面。现代宏观经济学是为国家干预经济的政策服务的，相当大程度上促进了经济的发展。

第一章 到处都有经济学

经济学的理论，建立在理性的“极大化”这一假设之上，也就是说，经济学假设每个人都会在局限下选取对自己最有利的选择。因此，分析经济问题时必须承认三个假设：人们面临权衡取舍；某种东西的成本是为了得到它而放弃的东西；理性人考虑边际量。大到国际贸易，小到柴米油盐，都可以从这三个假设中找到结论。

利己的"经济人"

2014年9月18日，428万名苏格兰选民参与了一项决定苏格兰命运的公投。最终，55%的反对票使苏格兰得以继续留在大不列颠及北爱尔兰联合王国内，维持了300多年的国家联盟险些一拍两散。

苏格兰之所以谋求独立，并不仅仅是民族主义的影响。苏格兰"独立派"认为，独立后的苏格兰会变得更为富有。仰仗着位于苏格兰海域的北海油田，英国轻松成为欧洲第三大产油国和第四大天然气生产国，但这块"肥肉"带来的巨大收益归英国中央政府所有，而非苏格兰地区。非但如此，苏格兰每年还要向中央政府上缴油气税。独立后，苏格兰显然会在能源产业上获得巨大收益。

对于苏格兰经济将何去何从，苏格兰"独立派"用一张简单的图表显示苏格兰的无尽潜力：价值170亿英镑的建筑业、100亿英镑的旅游业、320亿英镑的农村和海岛经济、13亿英镑的食品饮料产业，再加上43亿英镑的威士忌出口。苏格兰"独立派"援引英国《金融时报》做出的预测：独立后的苏格兰会比英国任何其他地区都富有，而且在全球经济中还能跻身前20名。苏格兰"独立派"还规划了各种美好蓝图，尤其是一些看似琐碎的社会问题，却直击苏格兰人的软肋。例如，幼儿免费入托机制，大学学费免费，对有需要的老年人提供免费看护，养老金及最低收入与物价水平同期上浮，补贴经济适用房，等等。

伦敦卡斯商学院教授罗伊·巴彻勒评论说："新加入独立派的人群往往是在过去一轮的经济衰退中受害颇深。他们的想法很简单，独立后没准他们的生活现状就会得到改善。这也是为什么苏格兰政府承诺将增加福利政策的支出——虽然没人提到这些钱该从哪里出。”

维多利亚时期的英国首相帕麦斯顿有句名言：“没有永远的朋友，只有永远的利益。”这句话也是英国外交政策的金言玉律。只是帕麦斯顿可能没意识到，有一天英国也会因为利益而失去选择朋友的砝码。

当然，经济因素也使得一些苏格兰人倾向于反对独立，尤其是来自企业方面的施压让独立后的苏格兰前景未卜。英国石油公司、标准人寿和翠丰集团都表态要干预苏格兰独立。一些零售以及电讯企业则表示要在苏格兰地区涨价，苏格兰皇家银行甚至表示倘若苏格兰独立，该银行将把总部搬出苏格兰。最重要的是，独立后的苏格兰国际信誉评级将很低，借贷成本将很高。关于独立后的苏格兰还可不可以使用英镑的问题已经讨论多年，英格兰和苏格兰都是彼此重要的贸易伙伴，两个地区使用两种货币，一定会加重地区间的金融风险，这让很多苏格兰企业家心生疑虑。

“没有永远的朋友，只有永远的利益。”这句外交格言是经济学基本假设——“经济人假设”最好的阐释之一。

什么是经济人呢？概括而言，经济人有两个明显的特征。首先，经济人是自利的，即追求自身利益是驱使人的经济行为的根本动机。这种动机和由此而产生的行为有其内在于人本身的生物学和心理学的根据。其次，经济人的行为是理性的。所谓理性，指的是经济人能根据市场情况、自身处境和自身利益所在做出判断，并使自己的经济行为适应从经验中学到的东西，从而使所追求的利益尽可能最大化。

在经济学家的眼里，千差万别的活生生的人都是经济人：不懈地追求自身最大限度满足的理性的人。他以自身利益的最大化作为自己的追求。当一个人在经济活动中面临若干选择时，他总是倾向于选择能给自己带来更大经济利益的那种机会，即总是追求最大的利益。举个最简单的例子：比如说买一件商品时，每个人都希望买到“物美价廉”的商品，绝不会希望买“质次价高”的商品，因为在经济活动中他会保持最大的自利。

可能有人会有这样的疑问：如果人人都是理性经济人，都是理性且自利的，社会秩序不会变得紊乱？以亚当·斯密为代表的经济学家给出了回答：“他追求自己的利益，往往使他能比在真正处于本意的情况下更有效地促进社会的利益。”也就是说，人人都是理性经济人，更能在客观上维护社会的秩序。这也是经济人假设的核心，即只要有良好的法律和制度的保证，经济人追求个人利益最大化的自由行动会无意识地、卓有成效地增进社会的公共利益。这是经济人假设中最有意义的问题，也被称为“经济人的灵魂”。

相反，在一个社会里，如果每个人都大公无私，奉行完全的利他主义，不仅避免不了纠纷，而且整个社会根本就无法运转和生存。

古人云：“天下熙熙，皆为利来；天下攘攘，皆为利往。”经济人假设是现代经济学具有分析力的重要标志，没有这个假设，就不可能具有分析力，就不能认识经济规律。如果假定人是“毫不利己、专门利人”的，社会就不需要任何制度安排，也不需要任何经济政策，经济学也就没有存在的必要了。

当然，经济人假设的实质是为了经济学分析、解释、推导的需要对“人”进行抽象，以避免陷入对“人性”本身无边无际的争论。经济人假设只是假定人都是“自利”的，而不是主张人人自私。它只是认识经济规律的工具，本身并不存在价值取向的问题。

资源永远稀缺

2013年6月，《濒危野生动植物种国际贸易公约》附录Ⅱ新增添内容正式生效，包括交趾黄檀、中美洲黄檀、伯利兹黄檀等黄檀属木材与柿属的乌木类等多种红木贸易陆续遭遇限制。中国红木市场价格应声而涨，高端红木原材料涨幅达三成左右。

红木是制作实木家具的上好材料，属于热带植物，中国仅有广东、云南及南沙群岛有少量出产。而且红木材质坚硬，生长缓慢，成材的红木生长期都在百年以上。由于中国红木资源几近枯竭，来自缅甸、越南等东南亚国家的进口红木成为主要原料来源，仅2013年，缅甸一国就向中国出售了23.7万立方米红木。为此，缅甸政府发表声明，为了确保森林资源可持续利用，加强环境保护和生物多样性的维持，从2014年4月1日起，缅甸将原先的限制红木原木出口改为禁止原木出口，并对成品家具出口做出限制。中国红木市场又迎来一轮“稀缺涨价”的行情。

在经济学中资源是指用于生产能满足人类需要的用品或劳务的那些物品。通常情况下资源可分为劳动、资本、土地和企业家才能四种类型。在一定时期内，相对于人类无限需要而言，可用于生产物品和提供劳务的资源总是不足的，这就是资源的稀缺性。

设想一下，如果适用的资源是无限的，取之不尽，用之不竭，可以任凭挥霍浪费，经济学又有什么必要呢？但稀缺性要求社会经济活动的目的，是以最少的资源消耗取得最大的经济效果。因此，资源的稀缺性及由此决定的人们要以最少消耗取得最大经济效果的愿望，是经济学作为一门独立科学产生和发展的原因。

举例来说，我们呼吸的空气没有什么稀缺性，任何人都可以任意地自由呼吸。所以，并没有人专门研究如何分配空气。但就大多数自然资源来说，它们几乎都是稀缺的。人类的产品都要靠消耗自然资源来生产，所以人类产品也都是稀缺的。经济学要研究如何生产、分配和利用这些资源和产品，以节省资源，达到最佳效用。过去认为水资源是无限的，所以不太重视用经济手段来调节水资源的利用。现在看来，水是稀缺资源，所以我们现在开始提倡节约用水，也开始重视利用经济手段来调节水资源了。

这里要注意的是，经济学上所说的稀缺性是指相对的稀缺性，这也就是说，稀缺性强调的不是资源的绝对数量的多少，而是相对于人类欲望的无限性来说，再多的物品和资源也是不足的。

有的人可能会认为，如果富有，稀缺问题就会消失。但是财富并不能解决所有的问题。无论一个人多么富有，他的愿望都会不断增长。简而言之，稀缺状况意味着，所有的人无论贫富，都对他们现在的物质财富感到不满足，并想得到更多。对个人来说正确的理论同样也适用于社会。

正因为资源的稀缺性，节约才成为必要，才产生了如何有效配置和利用资源这个问题。从古至今，资源有多种配置方式。经济学家根据资源配置主体的不同，主要将其分为两种类型。第一种是市场配置，即以市场为基础的资源配置方式。鼓励市场形成价格和自由交易，强调效率和优胜劣汰的竞争机制。第二种是政府配置，即政府发挥宏观调配的作用对资源进行配置，所采取的手段往往是管制、许可证、配额、指标和投标等。缅甸政府对红木出口的限制就是政府配置资源的典型方式。

由于资源是有限的，各个国家必须实施可持续发展战略。可持续发展就是既要考虑当前发展的需要，又要考虑未来发展的需要。它的内容包括经济可持续发展、社会可持续发展和生态可持续发展。核心是实现经济社会和人口资源环境的协调发展。

商品越稀缺，价格就越高，这也是红木价格一路看涨的根本原因。一些商家受此启发，故意营造商品稀缺的“假象”，以此提高商品价格。以经营箱包闻名的法国路易·威登公司是国际知名的时尚品牌，但它仅在巴黎和尼斯各设了一家商店，在国外的分店也只有27家。他们严格控制销售量，即使顾客要求的购货量再大也不予理会。一次，有位日本顾客提出要买50只手提箱，但销售员声称库房已无存货，只卖给他两只。这位日本顾客一连8天上门十多次，每次都是如此结果。路易·威登公司采用这种限量销售的方法，人为地造成了供不应求的“紧张”气息，获得了销售上的巨大成功。

某某品牌新款汽车限量登场、某某时尚手表限量上市……看了这样的广告，人们不禁要问，这些厂家为什么要限量生产自己的产品，这不是给自己设置发财的障碍吗？其实，限量销售是一种十分高明的营销方式，它不仅不会影响厂家的利润，相反，还能为厂家赢得更多的商机。这种做法恰恰符合“资源稀缺”这个经济学基本假设。

但是，商品的替代性使得这种故意制造出来的“稀缺”假象很容易破灭。仍以红木为例，由于价格高昂，超出了大多数消费者的心理预期，很多消费者转而选择其他类型的实木家具。销量的减少，让不少红木家具生产商不得不削价促销，红木市场价格在暴涨之后又慢慢恢复到理性的水平，遭受损失的还是那些试图利用“资源稀缺”搏一把的红木厂商。

石油为什么用不完

2014 年，国际原油市场经历了一次大暴跌。国际原油期货的两大指标布伦特原油（Brent）和美国西得克萨斯轻质原油（WTI），从 6 月 24 日的高点每桶 115 美元和每桶 106 美元一路下滑，跌幅将近 4 成。这一轮油价暴跌，除了需求端增速不及预期外，重要原因之一是北美页岩油产量的大幅飙升。

自从石油时代开始以来，世界主要靠丰富的低价石油推动了经济车轮的前进。尽管地质勘探技术有了惊人的进步，但所探明的新的石油储量明显减少，现有石油消费量同新勘探到的石油量的比例是4∶1。据美国石油业协会估计，地球上尚未开采的原油储藏量已不足两万亿桶，可供人类开采时间不超过百年。在不久的将来，不论是发达国家还是发展中国家，最终都会面临石油危机。

因此，原油价格短时间内的下跌，反而会促进石油消费，加速石油资源的枯竭。

但在经济学家看来，石油是永远也用不完的。这不是诡辩，而是有着深刻经济学思想的推断。在进一步说明这一问题之前，我们有必要引入经济学的边际分析法。

边际分析强调下一个或最后一个最有用，这个方法在经济学中的大量运用始于 19 世纪 70 年代一批工程师投身于经济学研究的运动中，这被称为经济学的“边际革命”。

在此以前，经济学家们饱受“水和钻石之谜”的困惑而不能自解。因为一部分经济学家深信任何东西的价值都是由其效用（满足人们某种需要的程度）决定的。但水和钻石一比较，问题就出来了，水是生命之源，人们一天都离不开它，效用可谓极大；而钻石对于人们的生活来说，可有可无，一辈子没有也没有大的关系，可谓效用极低。但在现实中，钻石通常比水贵得多，这就形成了悖论。虽然按照“物以稀为贵”的谚语，人们可以说，钻石比水稀少，所以钻石比水贵，但按照经济学理论的要求，这正是需要进一步解释的，而边际分析法恰恰做到了这一点。

按照边际分析法，不是全部而是最后一个单位决定事物的价值。从起点来看，第一单位水的价值无疑是非常高的，但由于通常情况下水的数量极多，到最后，一单位水就递减得不值什么钱了；而对钻石来讲，第一单位肯定不如水的价值高，但由于钻石的数量极其有限，到了最后一单位，钻石的价值就再也递减不下去了，这就形成了钻石的昂贵。“水和钻石之谜”由此得以破解。

现在再来看全球石油还能用多久的问题。石油资源是不可再生能源，尽管最近有科学考察表明，这种能源在地球上依然在不断生成，例如在墨西哥湾、黑海等，但其生成的速度，不是以年计算，而是要用地质年代来计算。所以我们只能以全球目前已不足两万亿桶石油储量为考虑对象。目前由于石油的储量还算丰富，所以人们使用的石油以其使用方便和价格低廉而远胜于其他能源。但在今后的石油开采过程中，随着石油数量的不断减少，其开采的难度会越来越大，石油开采的边际成本是递增的。也就是说，不用等到两万亿桶石油开采完，在边际上，石油因其开采成本递增而价格会变得十分昂贵，以至于和其他能源相比，特别是新能源的使用，石油已没有任何优势可言，因而必然被人们弃用。这就是在给定条件下石油为什么永远用不完的原因。

越多不一定越好

2007年，苹果公司研发的智能手机iPhone横空出世，立刻引发消费者的追捧。2014年4月，著名资产管理公司PJC的高级分析师吉恩·蒙斯特发布报告称，经过为期半年的问卷调查结果，61%的美国青少年拥有至少一部iPhone手机，而这个数据在2013年10月时是55%，2012年则仅有40%。

然而iPhone手机的风靡程度也受到了挑战。在被视为亚洲地区电子行业风向标的新加坡和中国香港，iPhone手机的魅力正日渐消退。

新加坡曾是苹果产品人均保有量最高的国家，但iPhone手机在新加坡移动电子产品市场的份额从2012年年初的峰值72%一路下跌，一年后跌到了50%。与此形成鲜明对比的是，同期安卓智能手机产品的市场份额从20%增至43%。无独有偶，iPhone手机在香港的市场份额从45%降至30%，而安卓智能手机的市场份额则增至60%以上。

分析人士指出，iPhone品牌仍拥有强大的号召力，但随着市场竞争愈加激烈，三星等公司正在蚕食iPhone手机的市场份额。苹果的"式微"一方面是由于不同价位的安卓手机为消费者提供了更多选择，另一方面也是由于iPhone手机用户越来越多，已经不足以彰显个性。iPhone手机开始陷入"审美疲劳"。

"审美疲劳"是一种心理现象：当刺激反复以同样的方式、强度和频率呈现的时候，反应就开始变弱。通俗点说，就是对于一种事物的反复欣赏所产生的一种厌倦心理。在经济学上有一个与之类似的概念，叫作"边际效用递减"。所谓效用，就是物品满足人欲望的能力，是指消费者在消费商品时所感到的满足程度。边际效用则是指消费某种物品时，增加最后一单位消费所增加的满足程度。经济学家发现，一般情况下，在一定时间内，其他商品的消费数量保持不变的条件下，当一个人连续消费某种物品时，随着所消费的该物品的数量增加，其总效用虽然相应增加，但物品的边际效用有递减的趋势。

1945年，富兰克林·罗斯福第四次连任美国总统。《先锋论坛报》的一位记者采访他，请他谈谈这次连任的感想。罗斯福没有回答，而是很客气地请这位记者吃一块三明治。记者觉得这是殊荣，便十分高兴地吃了下去。罗斯福微笑着又请他吃第二块三明治，记者觉得情不可却，又吃了下去。不料罗斯福又请他吃第三块。虽然记者肚子里已不再需要了，但还是勉强吃了下去。哪知罗斯福在他吃完之后又说："请再吃一块吧。"记者一听啼笑皆非，因为他实在吃不下去了。罗斯福微笑着说："现在，你不需要再问我对于这四次连任的感想了吧，因为你自己已经感觉到了。"

每个三明治都比前一个给人的满足感更小，这就是"边际效用递减"。甚至于到第四个三明治时，效应已经变成负数——反而会让胃不舒服。

在现实生活中，边际效用理论的应用也很广泛。比如，在农田里撒化肥可以增加农作物的产量，当你向一亩农田里撒第一个100千克化肥的时候，增加的产量最多，撒第二个100千克化肥的时候，增加的产量就没有第一个100千克化肥增加的产量多，撒第三个100千克化肥的时候增加的产量就更少甚至减产，也就是说，随着所撒化肥的增加，增产效应越来越低。心理学研究人的记忆规律时，也发现遗忘率是随着人记忆次数的增加而减少，记忆的次数越多，遗忘的可能性就很少，同样符合边际收益递减规律。

在社会管理中，一个政策出台以后，刚开始往往管理或者规范效应很明显，但随着时间的推移，这项政策的功能就越来越小，越来越不适宜社会管理的需要，也就是说政策的管理规范制约或者引导效应在不断减弱。这就是为什么法律法规每隔一段时间要进行调整和更新的主要原因。

当然，在极少数特殊情况下，边际效用递减的规律并不适用。比如，对一把三脚凳来说，第三条凳腿显然比第二条腿更加有用；而集邮爱好者要收集一套邮票的时候，这套邮票里最后收集到的那一张的边际效用比前面的任何一张都要大。不过现实中，这种例子是少数的，并不能冲淡边际效用理论的实际意义。

在了解了边际效用的概念之后，我们就可以尝试着将它运用在实际生活中。比如，消费者购买物品是为了让效用最大化，并且，物品的效用越大，消费者愿支付的价格就会越高。依据效用理论，企业在决定生产哪种商品的时候，首先要考虑这种商品能够为消费者带来多大的效用。

如果企业想让自己的产品卖得快，并且能够卖高价，就必须分析消费者的心理，研究消费者的偏好。满足了消费者的偏好，也就满足了他们感觉到的效用。如果一家企业想取得成功，不但要了解当下的消费时尚，还要善于发现将来的消费时尚。唯有如此，才可以清楚地了解消费者的需求偏好和变动，并及时开发出能够满足消费者偏好的商品。

消费者连续消费某种产品的边际效用是递减的。企业如果连续只生产某一种产品，那么，它为消费者带来的边际效用就在递减，消费者愿支付的价格就会下降。怎样改变这种情况呢？产品多样化理论可以解决这一问题。企业可以不断创造出多样化的产品，就算是同一类产品，只要不一样，就不会引起边际效用递减。因此，如果企业想要更好地发展，就要不断地进行产品创新，生产不同的产品以满足消费者的需求，从而减少与阻碍边际效用递减带来的负面影响。如果总是躺在以前的“成功”上面，就会被其他企业超越，最终丧失领先地位。

产权是经济的基石

1912年，后来成为北大教授的杨昌济到德国游学，听到了一个关于德国皇帝威廉一世的小故事，并把它记载在《静观室札记》这部书中。

故事说，威廉一世在波茨坦建了一座无忧宫，有一座古老的磨坊就在无忧宫西北角的不远处，许多景物被那座磨坊挡住了。威廉一世很讨厌这座磨房，就令随员去找磨坊的主人，询问磨房价值几何，要把它买下来。然而磨坊主人却不愿意把磨坊卖给皇帝，说："这座磨房是我的产业，谈不上值多少钱。"威廉一世勃然大怒，立即令人将磨坊拆毁。磨坊主人对此并不恐惧，一边袖手旁观任其拆毁，一边自言自语道："当皇帝的可以这样胡作非为，但是我们国家还有法律啊，我要向法院起诉。"他为此事向法院提起诉讼，法院根据德国的法律判决威廉一世重建磨坊，并赔偿磨坊主人损失。威廉一世服从了这个判决，将已拆毁了的磨坊重新修建起来。他还说："我国的法官这样正直，我犯了错误，他还有胆识做出对我不利的判决，这对国家来说是件好事。"

虽然经过历史学家的考证，这个故事是子虚乌有的，但是故事里所包含的道理却是个常识：磨坊归磨坊主所有，他作为此财产的所有者，财产所有权必须得到国家法律的保护。

产权是经济所有关系的法律表现形式。它包括财产的所有权、占有权、支配权、使用权、收益权和处置权。以法权形式体现所有关系的科学合理的产权制度，是用来巩固和规范经济中财产关系，约束人的经济行为，维护经济秩序，保证经济顺利运行的法权工具。

具体而言，产权包含三层含义。原始产权，也称为资产的所有权，是指受法律确认和保护的经济利益主体对财产的排他性的归属关系，包括所有者依法对自己的财产享有占有、使用、收益、处分的权利；法人产权包括经营权，是指法人企业对资产所有者授予其经营的资产享有占有、使用、收益与处分的权利。法人产权是伴随着法人制度的建立而产生的一种权利；股权和债权是在实行法人制度后，由于企业拥有对资产的法人所有权，致使原始产权转变为股权或债权，或称终极所有权。原始出资者能利用股东（或债权人）的各项权利对法人企业产生影响，但不能直接干预企业的经营活动。

从权利本身的内容来讲，产权的内容包括两个方面，一是特定主体对特定客体和其他主体的权能，即特定主体对特定客体或主体能做什么不能做什么或采取什么行为的权力，二是该主体通过对该特定客体和主体采取这种行为能够获得什么样的收益。所以产权又称权益。传统经济学侧重于研究收益的配置机制，而现代经济学侧重于研究权力的配置机制。

产权作为一种社会强制性的制度安排，具有界定、规范和保护人们的经济关系，形成经济生活和社会生活的秩序，调节社会经济运行的作用。

产权归根结底是一种物质利益关系。任何产权主体对其产权的行使，都是在收益最大化动机支配下的经济行为，没有收益的产权是不可思议的。财产关系的明晰及其制度化是一切社会得以正常运行的基础。现代化市场经济条件下财产关系更加复杂和多样，这就要求社会对各种产权主体进行定位，以建立和规范财产主体行为的产权制度，从而协调人们的社会关系，保证社会秩序规范、有序地运行。

产权制度对长期的经济增长起着十分关键的作用。一个国家、一家企业如果想保持长期的经济增长势头，除技术创新外，最重要的任务就是要设计出一整套产权结构、产权法律以及其他相关制度。

使用权、收入的独享权和转让权，这三点是当代经济学对私有产权的定义。所谓的明晰产权，就是要把这“三权”落实到个体。经济学家认为，如果最终没有人能够在法律的保护下放心大胆地行使财产的使用权、收入的独享权和转让权，那么这份财产的产权就不能说是明晰的。所谓“国有企业的产权不明晰”，在现代经济学看来，就是指这“三权”没有落实到个体。如何改善国有资产营运模式，设计出合理的“代理机制”，是国有企业改革的重要课题。

有的制度创新需要企业自己支付成本，对企业与个人而言，创造与实施所有权的费用也许会超过收益，而这些产权对于经济的长期增长却至关重要，在这样的情况下，产权的制度安排需要政府支付相关成本。

公共物品的命运

产自里海的西伯利亚鲟鱼所产的黑鱼子酱是种难得的美食，一向是俄罗斯特有的珍品。一直以来，黑鱼子酱虽然珍贵，但要买的话也不算困难。但是自从1989年苏联解体后，黑鱼子酱供应量锐减，价格飙升，一般俄国人已经消费不起，而且真正的黑鱼子酱越来越少，市面上还充斥着假冒品。

原来1989年之前，苏联政府牢牢控制着里海的商业活动，立法禁止捕捞较小的鲟鱼，鲟鱼资源得到了有效的保护。苏联解体后，里海沿岸出现了哈萨克斯坦、土库曼斯坦和阿塞拜疆这三个新国家。各国政府无力维持严格的控制，捕鱼人明白，自己不去捕，自然会有其他人捕，结果出现了过度捕捞。近年来，俄罗斯经过官方渠道出口的黑鱼子酱数量减少近 2/3，但非法出口的产品却不断增加。即使莫斯科市场上也有许多来历不明的黑鱼子酱，它们就是偷捞、盗捕的产品。

与俄罗斯的滥捕乱捞相比，同为黑鱼子酱出口大国的伊朗显得有秩序多了。伊朗在休渔期对鱼苗区的保护十分严格，监察人员甚至可以将盗捕者就地处决。虽然包括俄国在内的其他里海国家曾有暂缓捞捕的政策，但由于这个政策执行结果影响的利益层面太广，故未能达成共识。

国家分裂了，倒霉的却是里海鲟鱼。这是因为里海鲟鱼从一国所有的“私有品”变成了各国共有的“公用品”。

公共物品是私人物品的对称，一般是指具有消费或使用上的非竞争性和受益上的非排他性的产品。公共物品在消费过程中具有非竞争性和非排他性，任何一个人对该产品的消费都不减少别人对它进行同样消费的物品与劳务。

非竞争性有两方面含义。首先，公共物品边际成本为零。这里所述的边际成本是指增加一个消费者对供给者带来的边际成本，例如增加一个电视观众并不会导致发射成本的增加。其次，边际拥挤成本为零，每个消费者的消费都不影响其他消费者的消费数量和质量。此类产品增加消费者不会减少任何一个消费者的消费量，增加消费者不增加该产品的成本耗费。它在消费上没有竞争性，属于利益共享的产品。

非排他性是指某些产品投入消费领域，任何人都不能独占专用，而且要想将其他人排斥在该产品的消费之外，不允许他享受该产品的利益，是不可能的，所有者如果一定要这样做，则要付出高昂的费用，因而是不合算的，所以不能阻止任何人享受这类产品。例如：环境保护中，清除了空气、噪声等污染，为人们带来了新鲜空气和安静环境，如果要排斥这一区域的某人享受新鲜空气和安静的环境是不可能的，在技术上讲具有非排他性。

另外，纯公共物品还具有非分割性，它的消费是在保持其完整性的前提下，由众多的消费者共同享用的。如交通警察给人们带来的安全利益是不可分割的。可见，具有非竞争性、非排他性而且不能分割的纯公共物品具有公共消费的性质，即在消费这类产品时，消费者只能共享，且可以不受影响地共享，而不能排斥任何人享用。

市场只适于提供私人产品和服务，对提供公共物品是失效的，而提供公共物品是政府活动的领域，是政府的首要职责。政府经济学关心的问题是政府提供公共物品与市场提供私人物品之间的恰当组合，以及政府提供公共物品所花费的成本和代价，合理地确定政府提供公共物品和财政支出的规模。

由于公共物品具有非排他性和非竞争性的特征，它的需要或消费是公共的或集合的，如果由市场提供，每个消费者都不会自愿掏钱去购买，而是等着他人去购买而自己顺便享用它所带来的利益，这就是经济学的“搭便车”现象。如果“搭便车”的人过多，或者提供公共物品的政府疏于管理，公共物品就必然面临着无法承担消费而被破坏的局面。

在日常生活中也常可找到“搭便车”的例子。例如许多轮船公司不肯兴建灯塔，它们可以获得同样的服务，此种“搭便车”问题会影响公共政策的顺利制定及有效执行。许多国家的高福利政策也是搭便车的例子，高收入者支付的高额税对同样享用高福利（医疗、教育）的低税收贡献者来说是“搭了顺风车”。

同样，在利益群体内，某个成员为了本利益集团的利益所做的努力，集团内所有的人都有可能得益，但其成本则由这个人承担。群体内的责任扩散鼓励了个体的懒散。当群体无法归因于任何单独个体时，个人的投入与整体的产出之间的关系将不明朗。这等于鼓励了“搭便车”的行为。

例如，很多管理者为了增强团队的集体荣誉感，也为了更好地激发团队的合作精神，做出规定：如果公司销售总额上涨10%，那么每个人将得到10元的奖励；如果销售额下降10%，每个人将会扣掉10元。这个决策的出发点相当好，如果每个员工都足够努力，都把公司的成长当成自己的成长，都有足够的责任感，那么，这是一个完美的决定，它带来的经济效益是不可估量的，于公司的长远发展意义深远。但是假如出现了这么一个人，他觉得自己可以不用努力，只要享受大家的努力就可以了，那么，这个计划就将泡汤。

人的心理作用是很微妙的，这么一个人的存在将会带来更多人的效仿，结果是大家共同“享受”销售额下降的结果。所以，要解决这个问题，在管理中还需要多花费些时间。减少利益团体成员的数量，尽量针对每个员工实施奖惩措施。把个体的奖惩和团体的奖惩结合起来，以便为公司创造更多的利益。

商品的替代与互补

2004年12月26日，印度尼西亚苏门答腊岛附近海域发生里氏9级地震并引发海啸，造成印度洋沿岸各国重大损失。但是很少有人想到，这与千里之外的浙江临安板桥乡里桃村的竹制品加工大户金其根有什么关系。

“自从东南亚海啸之后，咱村的毛竹收购价整整涨了一年啦。”金其根抱怨道。他每天都盯着毛竹的价格，可不像股票那样起伏不定，而真正是像“雨后春笋”般天天上蹿。以往每百千克才16元的毛竹，行情已经攀到了70元。尽管毛竹已是“天价”，金其根还是以每天50万千克的“胃口”源源不断地从安徽、江西等地“吃”进毛竹——在“竹子之乡”临安，毛竹不够“吃”的现象已经相当普遍，2/3毛竹靠外调。

杭州百孚竹制品有限公司总经理陈其东描述了这样一条毛竹涨价链："其实，2004年年底的海啸是一个导火索，它引发了东南亚原木资源的稀缺，然后影响了国内实木地板价格的猛涨，再是导致替代产品——竹地板的需求增大。于是，竹地板原材料毛竹的价格自然水涨船高。"从东南亚海啸最终到引发毛竹价格上涨，整个过程经历了半年时间。

陈其东还认为，国家对森林资源的保护也是导致毛竹价格上涨的重要原因。自2006年4月1日，我国对实木地板、一次性木筷子都将按照5%的税率征收消费税，这对竹产业有什么样的影响，陈其东说："竹产品是木制品的替代产品，受消费税冲击首当其冲的是实木地板和一次性木筷，竹制品的市场反映有一个滞后过程。"所以答案是：半年后见分晓。

由于木制品产量减少，价格上涨，消费者转而使用性能近似的竹制品，这在经济学上叫作"替代效应"。当商品价格上升时，就会有替代效应显现。替代效应在这里可以解释为：当某一物品的价格上升时，消费者倾向于用其他物品替代变得较为昂贵的该种物品，从而最大效用地获得满足。像"木制一次性筷子、实木地板"列入消费税税目，生产商因此增加了税负，提高了生产成本。如果该产品本来在市场上就不畅销，生产商提价进行"税负转嫁"，消费者肯定不接受；如果该产品市场畅销，生产商提价后，消费者就会寻找替代品（比如竹地板），一段时间后，经济学上的"替代效应"将显现。

商品自身性质的异同决定了它们相互之间是否存在替代性、互补性以及无关性。

替代品具有相同或者相近的功用，可以满足消费者同一种需要。比如肥皂与洗衣粉、牛肉与羊肉等，有互相替代的关系。消费者如果想满足同种需要，常常不会只局限于某一种商品，而是会消费两种或两种以上的商品。某种商品价格的变动，不仅会影响此种商品的需求量，还会影响和它有关的其他商品的需求量与价格。或者说，某种商品需求量的变动，不仅会影响其自身的价格，还会对和它有关的其他商品的价格与需求量产生影响。这就是说，商品间存在着交叉关系。依据这种关系，消费者可以利用相关商品的不同组合来进行合理的消费，从而达到最大效用。

对于替代品而言，一种商品的价格上涨，它的需求量就会减少，其价格不变或者降价的替代品的需求量便会上升。相反，一种商品的价格下降，它的需求量就会增加，而价格不变或者涨价的替代品的需求量便会下降。

不同于替代品的是，互补品是要共同满足消费者的需要，且必须同时使用的两种商品，缺一不可。这种需求也叫联合需求。比如，汽车与汽油、照相机与胶卷等，其二者的关系是互相补充的，必须联合起来使用才能起作用。汽车销量的增加就会造成汽油销量的增加，油价上升会导致汽车销量下降，这正是因为它们是互补品，即一种商品价格的上升不但可以令其需求量减少，也会让其互补品的需求量减少；反之，一种商品价格下降，它的需求量就会增加，从而也会增加其互补品的需求量。

在实际生活中，企业还可以利用需求交叉弹性来测定各部门间的产品交叉关系，以此来制定出正确的产品竞争策略。首先，新产品如果想占据一定的市场空间，非常重要的一点就是看其是否具有替代性。这种替代性表现在其性能、质量、价格是否具有显著的优势。其次，当产品的质量、性能和名牌产品接近时，怎样定价也非常重要。倘若觉得自己的产品和名牌产品的质量、性能相接近，就将价格也定得与名牌产品很接近，这并非就是一种好的策略。当需求的价格弹性较大时，作为替代性产品应保持比较低的价格，和被替代的产品之间保持比较大的价格差距。这样，产品的优势才能够明显地体现出来，也会大幅地增加需求量，从而提高产品的销售数量。

替代品与互补品是企业定价的参照法宝。它们是由需求交叉弹性理论引发出来的两类产品，并与需求交叉弹性共同在企业经营策略中有着广泛而普遍的应用。掌握好需求交叉弹性的理论与方法，将它运用到市场经济中，就能减少盲目性与随意性，从而实现发展经济、提高经济效益的目标。

信用让经济增速

1533 年，有 240 个伦敦商人每人出 25 英镑买了三艘船，雇用了一批海员，组成一支舰队去寻找黄金，舰队的旗舰叫“莫斯科威号”。但是这些商人并不熟悉那些海员，他们有些担心，这些水手会不会在哪里卖掉了船，再也不回来，或者独吞了财物。最后他们向海员表示：我们唯一能给予你们的，就是信任你们，并把我们的财产和梦想都托付给你们。于是那些水手便带着商人们的财产上路了。

很不幸，到了挪威的外海，舰队遇上了大风浪，打沉了两艘船，只剩下了旗舰莫斯科威号继续往北航行。进入北极圈，他们发现没法走了，200 名船员下船划着雪橇走了两千千米，终于遇到了一群人，就拿船上的东西与当地的人换了很多的貂皮。这些货被带回伦敦，卖了一大笔钱，他们把钱还给了那 240 个伦敦商人。那个换貂皮的地方，后来用旗舰的名字命名为“莫斯科”。可以说，水手们用自己的行为获得了商人的信任。

在不久后的 1596 年，一个荷兰船长带着 17 名水手，被冰封的海面困在了北极圈的一个地方。8 个月漫长的冬季，8 个人死去了。但船员们丝毫未动别人委托给他们运输的货物，这些货物中就有可以挽救他们生命的衣物和药品，其实他们完全可以先打开托运箱，把能吃的东西吃了，等到了目的地，可以加倍偿还托运者。任何人都会同意这种人道的做法，但是荷兰人没有这样做，他们把商业信用看得比自己的生命更重要。

从经济的角度理解“信用”，它实际上是指“借”和“贷”的关系。信用实际上是指“在一段限定的时间内获得一笔钱的预期”。你借得一笔钱或者一批可以赊销的货物，实际上就相当于你得到了对方的一个“有期限的信用额度”，你之所以能够得到对方的这个“有期限的信用额度”，大部分原因是因为对方对你的信任，有时也可能是因为战略考虑和其他的因素不得已而为之。从经济的角度理解信用有着丰富的层次，至少可以从国家、银行、企业、个人几个层次来理解。

国家信用至少包含着这样的两层意思，首先是国家和国家之间的借贷关系，即所谓的主权债务，如著名的布雷迪债券、美国20世纪80年代对拉美国家的贷款、我国对亚洲和非洲一些国家和地区的低息贷款、世界银行贷款等。其次表现在国家政府与本国的企业与居民之间的借贷关系，政府发行国债，由企业和居民购买，这实际是政府先向企业和居民借到一笔钱，然后进行投资，并在到期时偿以本息。

银行与企业、个人之间的信用是相互的。银行要从企业与个人取得信用，也就是要向企业与个人借到钱，这是它们的生存之根基。同时，企业与个人也需要向银行取得信用，企业可用它解燃眉之急，个人可用它应付不时之需。

企业与企业、个人之间的信用主要体现在两个方面。首先是商业信用，主要是指企业与企业之间的非现金交易，也就是人们常说的赊销。不要简单地将赊销对象只看成是一些有形的商品，如汽车零配件供应商提供的一批零件；它实际上也可以是一个工程，比如建筑公司完成了一幢大厦的建筑，工程款尚未完全收回，这时该建筑公司赊出去的不仅是在这幢大厦建筑中预垫的资金、材料，同时还有在建筑过程中的劳动。其次是企业与个人之间的信用，这种形式的信用在我们的日常生活中是很常见的，比如我们的手机消费通常都是一种信用消费，我们总是在下个月缴纳上个月的费用，在一些合约中，通信公司甚至可以允许我们拖欠两个月的话费。

私有制出现以后，社会分工不断发展，大量剩余产品不断出现。私有制和社会分工使得劳动者各自占有不同劳动产品，剩余产品的出现则使交换行为成为可能。随着商品生产和交换的发展，商品流通出现了矛盾——“一手交钱、一手交货”的方式由于受到客观条件的限制经常发生困难。例如，一些商品生产者出售商品时，购买者可能因自己的商品尚未卖出而无钱购买。于是，赊销即延期支付的方式应运而生。赊销意味着卖方对买方未来付款承诺的信任，意味着商品的让渡和价值实现发生时间上的分离。这样，买卖双方除了商品交换关系之外，又形成了债权债务关系，即信用关系。当赊销到期、支付货款时，货币不再发挥其流通手段的职能而只充当支付手段。这种支付是价值的单方面转移。

正是由于货币作为支付手段的职能，使得商品能够在早已让渡之后独立地完成价值的实现，从而确保了信用的兑现。整个过程实质上就是一种区别于实物交易和现金交易的交易形式，即信用交易。后来，信用交易超出了商品买卖的范围。作为支付手段的货币本身也加入了交易过程，出现了借贷活动。从此，货币的运动和信用关系联结在一起，形成了新的范畴——金融。

现代金融业正是信用关系发展的产物。在市场经济发展初期，市场行为的主体大多以延期付款的形式相互提供信用，即商业信用；在市场经济较发达时期，随着现代银行的出现和发展，银行信用逐步取代了商业信用，成为现代经济活动中最重要的信用形式。总之，信用交易和信用制度是随着商品货币经济的不断发展而建立起来的；进而，信用交易的产生和信用制度的建立促进了商品交换和金融工具的发展；最终，现代市场经济发展成为建立在错综复杂的信用关系之上的信用经济。

现代经济中信用货币是最基本的货币形式。各种经济活动形成各种各样的货币收支，而这些货币收支最终都是银行的资产和负债，都体现了银行与其他经济部门之间的信用关系。所以信用就成为一个无所不在的最普遍的经济关系。

做事必须考虑成本

公元前280年，希腊的伊庇鲁斯国王皮洛士与罗马交战。由于皮洛士成功地使用了战术，罗马军队很快就被击败，7000人死亡，2000人被俘。不过，皮洛士的损失也很惨重，他自己还在战斗中受了伤。

第二年，皮洛士率领比上一次更多的军队进攻罗马，双方展开了第二次激战。参战的罗马士兵达7万人，还带来了一种新近发明的特别战车。最后，罗马又被打败了。不过，这次战斗中，皮洛士的损失极其惨重，死伤达5000人，跟罗马军队的损失差不多。对于两战皆胜的皮洛士来说，因为他损失了大批有生力量，而且不容易得到补充，所以这胜利很有点得不偿失的味道。

战斗结束后，大家向他表示祝贺，而皮洛士别有一番滋味在心头。他叹息地说道："要是再来一次这样的胜利，我就没有军队了！"从此，像皮洛士这样事实上接近失败的胜利，就叫"皮洛士的胜利"。

就好像将军不喜欢伤亡一样，经济学家也讨厌一样东西，那就是成本。任何经济活动都必须计算成本，如果成本过高，即使有一些收益，也是“皮洛士的胜利”。

成本是商品经济的价值范畴，是商品价值的组成部分。人们要进行生产经营活动或达到一定目的，就必须耗费一定的资源（人力、物力和财力），其所费资源的货币表现及其对象化称之为成本。随着商品经济的不断发展，成本概念的内涵和外延都处于不断变化发展之中。它有以下几方面的含义。

首先，成本属于商品经济的价值范畴。即成本是构成商品价值的重要组成部分，是商品生产中生产要素耗费的货币表现。

其次，成本具有补偿的性质。它是为了保证企业再生产而应从销售收入中得到补偿的价值。

最后，成本本质上是一种价值牺牲。它作为实现一定目的而付出资源的价值牺牲，可以是多种资源的价值牺牲，也可以是某些方面的资源价值牺牲；甚至从更广的含义看，成本是为达到一种目的而放弃另一种目的所牺牲的经济价值，在经营决策中所用的机会成本就有这种含义。

马克思曾科学地指出了成本的经济性质，并从补偿角度指明了成本的补偿商品生产中使资本自身消耗的东西，实际上是说明了成本对再生产的作用。也就是讲产品成本是企业维持简单再生产的补偿尺度，由此也可见，在一定的产品销售量和销售价格的条件下，产品成本水平的高低，不但制约着企业的生存，而且决定着利润的多少，从而制约着企业再生产扩大的可能性。马克思对于成本的考察，既看到耗费，又重视补偿，这是对成本性质完整的理解。在商品生产条件下，耗费和补偿是对立统一的。任何耗费总是个别生产者的事，而补偿则是社会的过程。耗费要求得到补偿和能否得到补偿是两个不同的事情。这就迫使商品生产者不得不重视成本，努力加强管理，力求以较少的耗费来寻求补偿，并获取最大限度的利润。

成本作为生产中的各项费用支出，是商品生产的“投入”。借助成本可以反映国家和企业经济活动中“投入”和“产出”的关系。它也是衡量企业生产经营管理水平的一项综合指标，因为它可以反映企业劳动生产率高低、原料和劳动力的消耗状况、设备利用率、生产技术和经营管理水平高低。在产品价格不变的情况下，成本下降，利润就可以提高，企业经济效益就可以增加，相对的社会积累就可以增加，为逐步降低物价和提高人民生活创造条件。降低成本的主要途径是：改善经营管理，采用新技术，提高设备利用率，减少固定资产的消耗，节约原材料、燃料、辅助材料，提高劳动生产率，等等。

成本定义的关键词是“付出”的“代价”，这个代价就是“资源”的价值牺牲。成本法则告诉我们，成本一定消耗资源，不消耗资源的成本不存在。为什么要消耗资源？为什么要付出代价？就是为了“过程增值或结果有效”这一成本目的。天下没有免费的午餐，人们无论做什么，都要付出一定的代价。

已经付出的资源代价当然是成本；应该付出的，但还没有付出，而且迟早要付出的资源代价也应该理解为成本，如预算和成本计划中所规定的预计成本，我们也应该理解为成本。

躲不开的机会成本

1955年，比尔·盖茨出生于美国西雅图一个上层家庭，父亲是当地的著名律师，很注重从小培养他“凭本事打拼”的意识。盖茨帮家里做事，父亲总是给一点报酬，以此激发他的热情，让他懂得工作是通往幸福的台阶。盖茨的母亲也目光远大，盖茨十多岁时，计算机还远未普及，母亲想帮助孩子了解这种很有前途的新事物，于是她和几个家长合伙凑钱买了一台计算机，盖茨马上就迷上了计算机，13 岁时便设计出自己的第一个程序。

1973 年，盖茨进入哈佛大学法律系。原本他应该在 1977 年毕业，但是在 1975 年，也就是他大学三年级时，盖茨做出了一个惊人的决定：辍学创业！盖茨和好友保罗·艾伦成立了一家电脑公司，即后来的软件巨头微软公司，并在 31 岁成为有史以来最年轻的靠自力更生成功的亿万富翁。

很多大学生看到盖茨的故事，都产生了辍学创业的念头。但是盖茨不止一次告诫他的后辈："千万不要学我！"盖茨建议学生们好好完成学业再进入社会打拼，辍学创业往往是得不偿失的。那么盖茨为什么会下定决心辍学呢？因为当时计算机软件业处于起步阶段，谁先占领市场，谁就能取得胜利。如果盖茨老老实实读到毕业，拿到他梦寐以求的学位，就会损失最宝贵的两年时间，也不会有后来的"微软奇迹"了。这两年宝贵的时间，就是经济学所说的"机会成本"。

机会成本指在做任何决策时，必须做出一定的选择，被舍弃掉的选项中的最高价值即是这次决策的机会成本。机会成本对商业公司来说，可以是利用一定的时间或资源生产一种商品，而失去利用这些资源生产其他最佳替代品的机会。

在生活中，有些机会成本是可以用货币来衡量的。例如，农民在获得更多土地时，如果选择养猪就不能选择养鸡，养猪的机会成本就是放弃养鸡的收益。但有些机会成本无法用货币衡量，例如，在图书馆看书学习还是享受电视剧带来的快乐之间进行选择。

机会成本泛指一切在做出选择后其中一个最大的损失，机会成本会随付出的代价改变而做出改变，例如被舍弃掉的选项之喜爱程度或价值发生改变时，得到之价值是不会令机会成本改变的。而如果在选择中放弃选择最高价值的选项，那么其机会成本将会是首选。做出选择时，应该要选择最高价值的选项，而放弃机会成本最高的选项，即失去越少越明智。

而且，机会成本还是边际递增的。也就是说，在既定的经济资源和生产技术条件下，每增加一单位产品的产量，就要放弃更多其他产品的产量。一方面，由于资源有限，随着一种产品产量的增加，用于生产其他的经济资源逐渐减少，造成该经济资源相对稀缺，价格增加，在所放弃的其他产品产量不变的情况下，所放弃的最大收益即机会成本递增；另一方面，由于存在边际技术替代率递减规律，即在维持产量不变的前提下，当一种生产要素的投入量不断增加时，每一单位的这种生产要素所能替代的另一种生产要素的数量是递减的，换言之，机会成本递增。

机会成本的概念告诉我们，任何稀缺资源的使用，不论在实际中是否为之支付代价，总会形成机会成本，即为了这种使用所牺牲掉的其他使用能够带来的益处。因此，这一概念拓宽和深化了对消耗在一定生产活动中的经济资源成本的理解。通过对相同的经济资源在不同的生产用途中所得到的不同收入的比较，将使得经济资源从所得收入相对低的生产用途上转移到所得收入相对高的生产用途上，否则就是浪费。

使用机会成本的概念可以比较准确地反映从社会观点看把有限的资源用于某项经济活动的代价，从而促使人们比较合理地分配和使用资源。但是，机会成本的概念没有说明成本或费用的本质是什么，而且由于被放弃的活动可以是多种的，确定机会成本时往往有主观任意性，容易引起争议。

无须在意的沉没成本

20世纪60年代，英法两国政府联合投资开发大型超音速客机，即协和式飞机。最初的计划是试制两架原型机，研制费用为1.5亿英镑，计划售价为每架约1500万～1700万英镑。但是到协和式飞机正式投入航线上飞行时，英法两国政府已经在超音速客机计划上投资了超过8亿英镑，超过最初预算近6倍，实际价格为2300万英镑，也大大超过预计价格。

事实上，项目开展不久，英法两国政府就发现，继续投资开发这样的机型，花费会急剧增加，而这样的设计定位能否适应市场还不知道。但是停止研制也是可怕的，因为以前的投资将付诸东流。随着研制工作的深入，他们更是无法做出停止研制工作的决定。1964年，面对当时的财政赤字，英国政府有意撤资并退出合作计划。为此法国总统曾亲自出面，强调英国需要履行协议，英国被迫继续投资，甚至不得不取消多个军用飞机研制项目。

根据预算，协和式飞机要售出至少64架才能保本，否则巨额开发成本根本无从收回。然而因为石油危机和价格上涨，原来承诺订购77架协和式飞机的18家航空公司纷纷终止了订货合同，最终协和式飞机只生产了20架，“自产自销”给了英国航空公司和法国航空公司这两家国营航空公司。

因为协和式飞机的豪华和时尚，虽然票价很高，但是在工商界、政界高级人士眼中仍是很好的选择。在辉煌时期，英国航空公司的10架协和式获利占英航总盈余的25%。可是2000年法国航空公司AF4590航班空难，让协和式飞机从此一蹶不振——即使对于“精英”

来说，生命也比享受更“值钱”。协和式飞机彻底失去了赚钱的可能。

2003年10月24日，协和式飞机执行了最后一次飞行。协和式飞机这个工程上的壮举和经济上的灾难至此终结，英法两国政府也算是“壮士断腕”，从这个无底洞中脱身。

俗话说“覆水难收”，经济学称为“沉没成本”，也就是已经发生的，在任何条件下都无法改变的成本支出。通常，它主要是指厂商花在机器、厂房等生产要素上的固定成本。从固定生产要素的损耗程度看，这些固定要素会因技术进步或产品的更新换代而引起贬值，从而产生无法补偿的损失。

沉没成本不仅针对企业，对于个人来说也很常见。在这里需要指出，有时候沉没成本只是价格中的一部分而非全部。比如，一台新买的电脑价值6000元，可是新鲜劲儿还没有过去，一种升级款式的电脑（这就是技术进步带来的更新换代）价钱才5000元，而且还打出广告，说原来用6000元买的那款电脑“再加2000元就可更换一台新产品”。在这种情况下，为原来的电脑付出的成本中有很大一部分已经变成沉没成本，除非你用这台电脑创造效益，收回部分投资。除此之外还有二手车市场，一辆新车在使用几个月后准备卖出，在这么短的时间里，车况当然不会有多少损耗，但是价格却不可能再回到原价。这时候，原价和现价的差额就是沉没成本。并且，如果不能及时出手，时间越长，这个沉没成本就会越大。

在日常生活中，沉没成本最典型的一个例子就是“丢票现象”。比如，假设你非常想去听一场演讲，但是在进场前，你却丢了用10元买的入场券。很明显，此刻这10元已经成了沉没成本。那么该如何应对呢？从经济学上分析，既然“非常想看”，就说明这场演讲对你而言价值大于10元，值得买票。这时你应该马上再买一张票，这样一来听演讲的利益仍然大于机会成本（你所付第二张票的10元）——无论如何，不要再为10元的沉没成本懊恼。当然，话说回来，如果你买完第一张票后发现这场演讲对你来说意义不大（其价值小于10元），那你肯定不会再去第二次买票的。

2000年12月，计算机芯片巨头英特尔公司宣布取消整个Timna芯片生产线。Timna是英特尔公司专为低端电脑市场设计的整合型芯片，当初将巨资投入到这个项目的时候，英特尔公司的预测是：今后计算机减少制造成本的途径将是通过高度集成的设计来实现，针对这一分析，公司大力着手生产整合型的Timna芯片。后来，电脑市场发生了巨大变化，电脑制造厂商通过其他的系统成本降低方法，已经达到了目标，因此Timna芯片投入的成本成了典型的沉没成本。在这种情况下，英特尔公司的高层管理者果断决定：让这一项目下马，从而避免在这个项目上消耗更多的资金。后来的事实也证明，尽管Timna芯片给英特尔公司造成了损失，但及时放弃的做法使得公司得以将资源应用于其他领域，其收益很快便消除了沉没成本带来的不利影响。

以上两个例子中的做法都是不再理会沉没成本，这也正是大多数经济学家的建议。因为不管沉没的是什么，有多少，对未来而言，都已经没有意义。彻底放弃那些沉没的东西，才是最明智的选择。古人虽然不懂什么是“经济学”，但是却有着正确对待沉没成本的智慧。东汉末年，巨鹿人孟敏寄居在太原。一天他行走在外，担着的瓦锅不慎掉到地上，他一眼也不看就径直走了，丝毫没有表现出惋惜和后悔的样子。有位当时的名士郭泰看到了，问他为什么毫不在意。孟敏答道：“锅已经破了，在意又有什么用?”这种智慧是我们现代人应当学习的。

成本一旦沉没，就不再是机会成本。沉没成本具有无关性。即不管企业如何对之决策，都难以改变。所以应对“沉没成本”，最合理的方法就是管理者在继续做出各种决策时，不再考虑沉没成本。减少沉没成本需要管理者首先要努力避免失误的决策，能从企业、市场的诸多方面对项目做出准确判断。

第二章 透过货币看世界

很多人认为，经济学就是“算账的”。这个观点不能说完全正确，但是很生动地揭示了经济学的基本功用。数据是经济学研究问题的基本材料，通过经济数据，我们才能了解经济运行的具体状况；而经济数据很大程度上又是以货币数值的形式来体现的，因此，货币和数据是我们通过经济了解世界所必备的两种工具。

货币的由来

1932年，法国银行因为美国经济中的某件事情而害怕美国放弃金本位，不再按照一盎司黄金兑换20.67美元的传统价格兑换黄金。于是，法国银行要求纽约联邦储备银行把法国存在美国的美元资产转换成黄金。法国并不想把这笔黄金装船运回法国，所以法国银行要求联邦储备银行把黄金存到法国银行的会计账簿上。于是，联邦储备银行的官员来到地下金库，将那笔黄金从一个柜子里拿了出来，放到了这个金库的另一个柜子里，不同的是，这个柜子上有个卷标，卷标上表明，这个柜子里的东西属于法国。联储官员的这一行动当然会见诸财经报刊头条，内容自然是说美国的黄金储备正在减少，法国的黄金储备正在增加。市场对此的理解则是，美元走软，法郎走强。历史上，这次因为法国向美国兑换黄金而造成的所谓“黄金流失”，最终成了导致1933年银行业大恐慌的原因之一。

某样东西为什么会成为人们公认的财富，原因只有一个，那就是每个人都相信别人会接受这个东西。在太平洋加罗林群岛中有个雅浦群岛，岛上不出产金属，所以岛上使用打制成圆形的石头作为交换媒介，岛民们管这种当货币使用的圆形石头叫作“费”。与世界其他地方不同的是，这个岛上的居民在完成一笔交易后，竟然可以不用搬走石币。最典型的例子是，有一家人的祖上曾经在另外一个盛产石头的岛上，采到了一块硕大的“费”，在运回雅浦群岛的途中，运“费”的木筏遭遇了风暴，为了救人，只好砍断了捆着“费”的缆绳，“费”也因此沉入海底。幸存者们回家后，都证明那家人得了一块质地优良的

“费”，体积也非常巨大。从那时起，岛上所有的人都承认，石头落入海底只是一个意外的事故，事故太小，几乎不值一提。海水虽然淹没了石头，但影响不了石头的购买价值。因为，石头已经被凿制成型，很多人都看见过，所以石头虽然在海里，但就像放在家里后院一样。因此，这块“费’虽然沉入海底下一动未动，但它在岸上却做了几辈子的交易。

现代人和雅浦岛民对财富的看法实际上并没有什么不同。雅浦岛民将开采出来并打制成形的石头视为自己的财富，宝贝似的放在自家后院墙根下；现代人将开采出来并经过冶炼的黄金视为自己的财富，又埋进精心设计的地下金库中。石头或黄金或纸张能代表财富是基于人们的一种信念，这种信念有时候非常强大，坚不可摧；有时候非常脆弱，不推也倒，这就是货币。

人们常常认识不到货币体制乃至货币政策的细微变动会给社会和国家的命运带来影响，其中的原因是，在人们的眼中货币太过神秘。其实货币并没有那么复杂，说白了它就是钱，就是一种信念，就是在使用阶段不会贬值并能给人们带来好处的东西。货币在人们的日常生活中无处不在，是生活中非常重要的一部分。

货币不是从来就有的，货币产生于人类为生活而进行物品交换的需要，是作为物品交换的媒介而存在的。人们刚开始的时候是没有货币的。当时，人们需要的物品并不多，想要哪样物品，就可以用自己持有的物品直接去换。后来，人们需要的物品越来越多，不得不寻找一种能够为交换双方都能够接受的物品。这种物品就是最原始的货币。这种物品在当时都是非常珍稀的，人们不容易获得。历史上曾经有过很多物品作为货币使用，如贝壳、可可豆、砖茶等。这些物品之所以能被分离出来充当货币使用，是因为随着人类社会分工和交换行为的日渐频繁，易货交换需要一种大家普遍愿意接受的物品作为媒介。

后来，人们发现金、银、铜、铁等金属容易建立重量和质量标准，更易保存和携带，而且它们的制造需要人工，无法从自然界大量获取，就用它们来取代早期的货币实物。数量稀少的金、银和冶炼困难的铜逐渐成为主要的货币金属。在金属货币之后，又诞生了纸币，其本身的价值和其所代表的价值不等同，被称作信用货币。今天，一些新的货币形式正在出现，如最新的电子货币等。

货币在充当一般等价物时，有两个基本特征。

第一，货币能够表现一切商品的价值。货币出现后，整个商品世界就分裂成为两极，一极是特殊商品——货币，另一极是普通商品。普通商品以各种各样的使用价值的形式出现，而货币则是以价值的尺度出现，普通商品只有通过与货币的比较，其价值才能得到体现，所有商品的价值只有通过与货币的比较之后，相互之间才可以比较。

第二，货币对一切商品具有直接交换的能力。货币的交换能力是超越使用价值特殊性限制的，是具有直接交换性质的。一般等价物是商品交换赋予货币的属性，与货币材料是否有价值和使用价值没有关系，普通商品的意义在于通过交换满足人们生产或生活方面的需要，而货币的意义则在于充当表现一切商品价值的材料、充当一般的交换手段，为商品交换服务。

这就是货币与普通商品的本质区别。可见，考察货币的本质，应把其质的规定和存在形式区别开来。无论货币由什么来充当，它作为一般等价物的本性绝不会改变，否则就不能称其为货币。1928 年，美国经济学家欧文・费雪特意提出一种“货币幻觉”现象，即人们只是对货币的名义价值做出反应，而忽视其实际购买力变化。所以不应该只把眼睛盯在哪种商品价格降了或是升了，花的钱多了还是少了，而应把大脑用在研究“钱”的购买力、“钱”的潜在价值还有哪些等方面，只有这样，才能真正做到精打细算。

货币永远在流动

1588 年，西班牙无敌舰队惨败于英国，西班牙帝国开始衰弱，其海上霸权逐渐被荷兰、英国等新兴国家所取代。历史学家普遍认为，西班牙的衰落与其经济模式的落后有很大关系。虽然西班牙在美洲获得了大量的白银，但是西班牙贵族大多数把它们花在了奢侈品上。而英国在殖民地获得的财富则在“三角贸易”中不断增值。欧洲商人从本国出发，船上装载的是盐、布匹、朗姆酒等商品，在非洲换成奴隶，沿着所谓的“中央航路”穿过大西洋，在美洲换成糖、烟草和稻米，然后返航回欧洲。1562 年，英国的约翰·霍金斯爵士完成了一次“三角贸易”，顿时成为朴次茅斯最富裕的人。由于利润高得惊人，所以伊丽莎白女王和枢密院官员也对他的第二次航行进行了投资。他遵循前次的步骤满载一船白银而回，立刻成为英国最富裕的人。

一元钱值多少？经济学家认为取决于这一元钱被交易了几次。诺贝尔经济学奖得主萨缪尔森在他的教科书中讲了两个酒鬼的故事。

有两个酒鬼一起去给主人买一瓶 10 元钱的酒。回来的路上，酒鬼 A 实在抵挡不住酒的诱惑，就说他决定用自己仅有的 1 元钱买瓶中 1/10的酒喝。于是他把钱交给酒鬼 B 之后，喝了酒的 1/10。酒鬼 B 认为这个主意不错，于是就把 A 交给他的 1 元钱又交给 A，也“买”了 1/10的酒喝进肚里。这个过程一直继续下去，直到那瓶酒喝完。就这样，他俩用 1 元钱享用了 10 元钱的酒。

这个故事的极端推论是：我们手里到底有多少货币其实并不重要，重要的是，这些货币在我们之间通过交易流动的速度是否足够快，或者在一定时间内流动的次数是否充分地多。货币的流动速度越快，我们实际享用到的财富就越多。如果酒鬼 A 第一次喝完酒之后，酒鬼 B 既不喝酒（停止“消费”），也不肯把那 1 元钱借给 A 去缴费（收紧银根），那么，酒鬼 A 就无法再有第二次享受，经济将就此停滞。

所谓“流动性”，实际上是指一种商品对其他商品实现交易的难易程度。衡量难易程度的标准是该商品与其他商品实现交易的速度，当该商品与其他商品交易速度加快，也就是非常容易实现交易的时候，流动性就会出现过剩；当该商品与其他商品的交易出现速度减缓，也就是实现交易非常困难的时候，流动性就会出现不足。

流动性是指整个宏观经济的流动性，指在经济体系中货币的投放量的多少。流动性过剩就是指有过多的货币投放量，这些多余的资金需要寻找投资出路，于是就有了投资过热现象以及通货膨胀危险。在股票市场，流动性就整个市场而言指参与交易资金相对于股票供给的多少，这里的资金包括场内资金（已经购买了股票的资金，也就是总流通市值）和场外资金（还在股票账户里准备随时入场的资金）。如果在股票供给不变的情况下，或交易资金增长速度快于股票供给增长速度的话，即便公司赢利不变，也会导致股价上涨，反之亦然。这是很简单的需求供给关系，但这种股价上涨是有限度的，受过多或过剩的资金追捧导致股价过度上涨而没有业绩支撑，终难持久。

一般而言，可以从三方面解决流动性过剩问题。首先，改变信贷投向结构，大力开发中小企业和个人信贷市场。营造良好的金融生态环境，规范金融生态秩序，强化全社会信用体系建设，建立以保护债权为中心的规范有序的社会法律和信用环境，消化持续增长的国民储蓄。其次，大力发展资本市场，调整金融市场结构。鼓励合规资金进入股票等资本市场，鼓励和扩大企业通过发债方式筹措资金，培养机构投资者，使之成为资本市场的主导力量。建立统一的全国债券市场、多元化的市场风险配置机制，有效配置金融资源。最后，鼓励、支持银行业产品创新，调整金融产品结构，疏导流动性。

此外，美国经济学家阿维纳什·珀森德提出了一个与“流动性过剩”针锋相对、比“流动性不足”更为深刻的新概念——流动性黑洞。

所谓的流动性黑洞，是指金融市场在短时间内骤然丧失流动性的一种现象。由于金融市场的流动性要求多样性，但市场敏感型风险管理系统在银行和其他金融机构的运用以及整体上监管的放松，这些措施却减少了市场参与者行为的多样性，其后果是非常严重的。当金融机构从事市场交易时，由于外部环境变化、内部风险控制的需要以及监管部门的要求，会在某些时刻出现金融产品的大量抛售，而交易成员由于具有类似的投资组合、风险管理目标和交易心态，会同时存在大量抛售的需要，此时整个市场只有卖方，没有买方，市场流动性骤然消失，被抛售资产的价格急速下跌与卖盘持续增加并存，又会进一步恶化流动性状况，流动性危机可以迅速升级为偿付危机。在证券市场上出现了越来越多类似于“银行挤兑”的事情。拥有上百亿市场资本的企业可能在数日内变得没有偿付能力。最终流动性好像被市场和机构瞬间吸走殆尽一样，这种现象就被形象地称为“流动性黑洞”。

流动性黑洞理论认为，流动性的核心是金融市场的多样性，流动性黑洞的形成一般与市场规模没有必然的关系，而是与金融市场的多样性密切相关。一般而言，流动性黑洞在那些同质的市场，或者说，在那些信息、观点、头寸、投资组合、交易主体、风险管理缺乏多样化的市场中非常容易出现，而在那些存在较大差异性的市场中则会较少出现。

导致流动性过剩的资产过度集中、投资行为高度趋同、结构单一等结构性因素，都可能成为流动性黑洞的产生诱因。流动性过剩容易导致资产价格泡沫，成为引发流动性黑洞的导火索。而资产价格泡沫的积累，也必然会同时积累诱发流动性黑洞的不利因素。

货币发行权的战争

2015年1月1日，欧元诞生15年纪念日这天，立陶宛成为欧元区第19个成员国。此时，英国和希腊又掀起了是否退出欧元区的争论。一时间，欧元又成为国际经济瞩目的焦点。

1999年1月1日，欧元在欧盟各成员国范围内正式发行，它是一种具有独立性和法定货币地位的超国家性质的货币。欧元是自罗马帝国以来欧洲货币改革最为重大的结果，不仅仅使欧洲单一市场得以完善，欧元区国家间自由贸易更加方便，而且更是欧盟一体化进程的重要组成部分。欧元启动工程浩大，据经济学家计算，仅从欧元发行到投入使用的费用就高达1600亿～1800亿欧元之巨。但是，欧元启动给欧盟带来的利益将是难以估量的。

欧元的最高意义就在于，欧洲可望通过创立一个强势货币和一个强大的区域货币体系安排，来削弱美元的霸权地位，以谋求欧洲的利益，这将对国际货币体系产生深远影响。欧元区人口超过3.3亿，GDP超过13.2万亿欧元，即使减掉欧盟内部贸易额，在世界贸易总额中的比重也超过15%。欧元流通后，将成为国际贸易中的结算货币以及非常有吸引力的储备货币，这对美元的货币统治地位直接构成挑战。

由于货币直接代表着财富，因此有权力发行货币的人必然掌握着财富的源泉。古人形容人有钱是“邓通之富”，邓通之所以富裕，最重要的是获得了铸钱，也就是发行货币的权力。

邓通是西汉人，颇得汉文帝赏识，前后得到赏赐十几次，累计有亿万钱之多。有一天，汉文帝命令一个善于看相的人为邓通相面。那人说："邓通的命会穷困饿死。"汉文帝说："能使邓通富有的是我，怎么说他会贫困呢?"于是赏赐给他大小铜山，准许他铸钱。汉文帝去世后，太子即位为景帝。汉景帝不喜欢邓通，更不可能让他分享铸币权。于是邓通被免了官，闲居在家。过了不久，有人告发邓通将铸钱盗出域外，汉景帝下令将邓通的家产充公，尚欠几亿万钱。晚年的邓通只好寄居在他人家里，死时一文不名。

很多人并不知道，掌握着发行美元权力的美国联邦储备银行和世界上其他大多数中央银行不同，是一个"私人银行"。成立初期，美国联邦储备银行有纽约银行等 12 个股东，目前花旗、摩根等大银行也拥有其股份。据说不少试图从银行家那里收回货币发行权的美国总统都会遭遇极大障碍，甚至惨遭暗杀。这种观点缺乏足够的证据支持，但在经济学上是合理的。按照一句经常被误认为是马克思所说，实际上是他引述英国经济学家邓宁格的名言说，资本"有 300%的利润，资本就敢犯任何罪行，甚至冒绞首的危险"，更不要说为了"无本万利"的货币发行权而刺杀总统了。

通常，每个国家都只使用一种货币，并由中央银行发行和控制。不过也存在例外，多个国家可以使用同一种货币。例如在欧盟国家通用的欧元，在西非经济共同体的法郎，以及在 19 世纪的拉丁货币同盟，名称不同但能在联盟内部自由流通的等值货币。一个国家还可以选择别国的货币作为法定流通货币，比如，巴拿马选择美元作为法定货币。有时因为特殊原因，同一个国家内的不同自治体可能发行不同版的货币，例如在英国，包括英格兰、苏格兰甚至偏远的泽西岛、根西岛都各自发行不同版的英镑，并且互相可在英国境内的其他地区交易，但唯有英格兰英镑才是国际承认的交易货币，其他版的英镑拿出英国境外后可能被拒绝收受。

由于货币在世界贸易中有不可替代的地位，哪种货币成为国际贸易结算的工具，那么发行该货币的国家作为国际货币发行者就会攫取巨大的利益。除了征收国际货币税、用货币换取他国财富，货币发行国还拥有在国际贸易中的巨大利益。凡是用本币结算的国际贸易商都可以有效地规避汇率变化带来的风险，而被迫使用外币进行国际贸易结算的企业都会暴露在更大的汇率风险中。美国的进出口商所承担的国际贸易风险要远远小于中国的国际贸易商，因为中国的贸易商都是用美元结算，须兑换成人民币才是实实在在的利润，而美国的进出口商则不用承担这样的汇率风险。

取得国际货币发行权，不仅需要强大的国家经济实力，还需要足够的经济增长速度，以及强大的国际政治地位来保证。伴随着全球经济和贸易的增长，对国际货币的需求也呈增长态势。如果国际货币发行国的经济和财富增长速度不能支持越来越多的国际货币投放，要么流通中货币不足，要么这种货币贬值，并逐步被其他货币取代。

当然，任何一种国际货币退出历史舞台的过程都不会是自愿的，新的国际货币的确立过程也不会是自发的。第一次世界大战前，英镑一直是主要的世界货币。德国、美国等国家的崛起以及第一次世界大战，彻底打乱了以英国为领袖的金融秩序。而美国利用其经济、政治以及国际金融中的优势地位，不断培育、强化美元作为全球货币的主导权，积极利用每一次金融危机打压英镑，从而导致英镑长期贬值，于是国际货币的地位逐渐被美元替代。美元增发最快的时期，恰恰是美国虚拟金融市场高速发展的时期，也是美元加速成为世界货币的时期。结果美国不但没有在国内引发通货膨胀，相反还刺激了美国全球金融中心的形成。这就是为什么货币发行权成为殖民地后第二个引起“世界大战”的原因所在。

通货膨胀的危害

成为一个百万富翁是许多人的梦想，但有一个国家，实现这一梦想却是很容易的事。

津巴布韦，这个全球百万富翁最多的国家，正在上演令人啼笑皆非的奇怪一幕：遍地都是百万富翁，但他们却什么也买不起。打个出租车的起步价至少也是100万津元，一包3片装的刮胡刀片要1500万津元，到餐馆吃完饭准备结账时，一沓沓的钞票堆在餐桌中央，给用餐者的感觉就像是坐在拉斯维加斯的赌桌旁一样。这还算不了什么，十年前在首都哈拉雷中心街区买一套公寓的钞票，如今只够买一块砖头。

高达3700%的恶性通货膨胀率已经摧毁了这个国家的经济，而它带给成千上万的平民是什么样的梦魇，可想而知。

没人嫌自己的钱多，可是如果每个人都有数不完的钱，也不见得是好事，因为这很可能是恶性通货膨胀造成的。

通货膨胀的严格定义是价格总水平上升。价格总水平，是所有商品价格的加权平均，加权的依据是商品的重要性和产量。通货膨胀不是个别商品的价格上升，也不是一些商品甚至很多商品的价格上升，而是指几乎所有商品的价格都上涨，并且持续一段时间。通货膨胀最主要的标志是CPI（居民消费价格指数），也就是消费者价格指数。如果CPI上升超过了一定程度，就说明经济中出现了通货膨胀。

CPI是怎么计算出来的呢？它是由一个国家的统计部门，比如中国的国家统计局，选择若干（一般是几百个）城市居民有代表性的消费品（比如用五粮液代表所有白酒，用三星代表所有手机等），跟踪记录这些商品的价格变动，并且选取有代表性的家庭，跟踪他们的购买行为后计算出来的。

比如在某一年，这些家庭购买代表性消费品的平均花费是5000元人民币，统计局就把这5000元定义为没有单位的100，这个100就叫消费者价格指数，即CPI。假如在第二年，同样的这些家庭，购买同样多的这些商品的平均花费是5500元人民币，那么这一年的CPI就是110。

有了这两个指数，就可以算通货膨胀率了。用第二年的指数，减去第一年的指数，再除以第一年的指数，最后乘以100%就行了。计算的结果就是10%，即第二年的通货膨胀率，以CPI计算就是10%。

CPI计算的并不是严格意义上的通货膨胀，因为通货膨胀是所有商品的价格上涨程度，而CPI仅包括消费品的价格，没有包括生产资料。但是，因为消费品的价格最引人注目，而生产资料价格上涨最终也会表现到消费品价格上来，所以，CPI可以在很大程度上代表经济中的通货膨胀。

历史上曾经发生过几次严重的通货膨胀。比如德国在魏玛共和国时期，在1922年1月至1923年11月这不到两年的时间内，商品价格就上涨了100亿倍！这次严重的通货膨胀，是德国政府故意弄出来的。

德国在第一次世界大战中败北，被迫按照"凡尔赛条约"支付战争赔款。可是到了1922年年底，德国发现它的财力已经枯竭了。作为报复，战胜国法国和比利时派军队占领了德国最富饶、产值最高的工业区。德国的工业巨头们随即命令工人们罢工，这让本已岌岌可危的经济更加雪上加霜。面临经济危机，德国政府开动印刷机，开始凭空印出没有任何商品作保证的纸币，打算以此来支付工人的工资和拖欠的战争债务。供需失衡的情况马上出现了，不久纸币就变得没有任何价值。1922年，德国马克的最大面值为5万，一年以后它变成了100

万亿，年通货膨胀率为 325000000%。这意味着在这一年里，物价每两天就要翻一番。结果不仅德国经济开始崩溃，法国和比利时得到的赔款也变成了一堆废纸。

通货膨胀最大的受益者是印制纸币的政府。比如开始的时候，市场上有 100 个东西，而所有的货币都在个人手里，一共价值 100 元。现在政府突然多印了 100 元，则政府就拥有了 50 个东西，如果政府又印了 100 元，则 75 个都是政府的。通货膨胀就如隐蔽的税收，悄无声息之间就把老百姓的财产给剥夺了。同时，政府还是一个社会最大的债务人，政府预算经常出现财政赤字，需要发债券才能弥补。而正如前面的分析，没有预期的通货膨胀是有利于债务人的。

预料之内的通货膨胀一定不是严重的膨胀，严重和恶性的通货膨胀是出乎人们预料的。诺贝尔经济学奖获得者 M. 弗里德曼说："通货膨胀在任何时间、任何地点，都必然是而且仅仅是一种货币现象。"也就是说，是中央银行没有把住货币投放这道闸门，让过多的货币进入了市场。这个理论虽然简单，却也深刻，它直指通货膨胀问题的核心，揭穿通货膨胀的本质。

如果通货膨胀不那么严重，就未必是什么坏事，甚至对经济发展是有好处的。如果人们预料要发生通货膨胀，就必然进行事前的调整，比如在签订劳动合同时，工人会要求加 10%的工资，如果实际通货膨胀率就是 10%，则工人的实际购买力不变，没有因为通货膨胀受到损失。而工厂主呢，也会把出厂的产品加价 10%，他们的利益也没有受到影响。从总体上说，没有人的利益受到影响。温和的通货膨胀可以缓解资源稀缺带来的供求失衡，让资源获得永续的利用。因为在经济增长过程中，资源的约束越来越明显，比如城市的土地、水资源等都是这样，如果不允许它们涨价，就会造成这些稀缺资源的过度使用，影响后代的可持续发展。所以，经济学家一般都接受 3%以内的通货膨胀。

但是，当通货膨胀的程度超过了人们的预料时，就会破坏社会的信用基础，造成财富的转移，让人们对未来失去耐心。

通货膨胀的原因

14世纪中叶，欧洲普遍出现了通货膨胀。在3年的时间里，物价至少翻了一番。但是这次通货膨胀之前，并没有哪个政府有滥发货币的行为。这次通货膨胀的原因可能是绝无仅有的，那就是黑死病。

黑死病实际上是鼠疫，病人四肢和身体其他部分会相继出现青黑色的疱疹，这也是黑死病得名的缘由。这是一种能致人猝死的病疫，极少有人幸免，几乎所有的患者都会在3天内死去。黑死病夺去了2000万人的生命，是当时整个欧洲人口的1/3。在病疫流行期间，商品的价格出现了突然的、短暂的下降。原因很明显，人口锐减导致需求下降，而流通中的货币及商品存量却基本不变，但幸存者的需求却是有限的。疫情过去，物价又回升了。原因是储存消耗殆尽，同时由于人口减少，产量随之下降——因为生产者的生活条件恶劣，因而生产人员减少的数量远大于有稳定需求的富人。

根据美国农业部的统计研究，1346—1351年，英国的小麦价格和西班牙纳瓦尔地区的工资都发生了比较明显的变化。在鼠疫初发的时候，小麦的价格出现了短暂的下降。例如，疫情最严重的1348年，英国小麦的价格下降了28%。但是，在最严重的情况过去后，物价开始上升。工资指数的变化尽管没有小麦价格的变化显著，但在疫情最严重的1347—1349年，工资还是比鼠疫爆发前的1346年高了19%。

美国经济学家帕尔伯格认为，在瘟疫最严重的1348年，人口的锐减导致了对小麦需求的下降，流通中的货币回笼之后不再投入市场中，而小麦的存量却是基本不变的，小麦商人为了能够卖出，只能降价。但是，最严重的疫情过去之后，人们储存的物品基本消耗完，对市场上物品的需求开始增加，而由于人口特别是劳动力的减少，小麦的产量出现了很大的下降，这样，“太多的货币追逐太少的物品”，小麦的价格有了较大的上升。

经济学家认为通货膨胀的原因主要有三个。

第一，总需求拉动造成的。总需求就是一个社会总的意愿的购买量。如果总的供给量不变，总需求突然增加了——总共就那么多东西，而投给它们的货币却不断增加，通货膨胀就不可避免。

总需求包括四部分：消费需求，也就是家庭购买消费品；投资需求，即厂商购买投资品；政府购买，即政府的购买性支出；国外的需求，也就是外国人对本国产品的购买。如果消费需求扩大，而消费品的供给量却未随即增加，就必然发生抢购，有人就愿意出比现价高的价格。卖者肯定愿意以更高的价格出售，于是消费品价格上升。如果企业对投资品的购买增加，投资品价格也同样上升。政府购买增加，既增加对消费品的购买，也增加对投资品的购买，同时促使它们的价格上涨。国外对本国产品的需求增加，在生产不能同步增加的情况下，会使国内的供求差距进一步扩大，促使价格更大程度地上涨。

第二，成本推动造成的。成本是企业定价的基础，如果成本上升，价格不上升，就会亏损，企业就有涨价的冲动。如果所有企业都面临成本上升的压力，涨价就必然出现。这就是成本推动的通货膨胀。在成本上升时，企业必须获得更高的收入才会提供和原来一样的产量。比如作为基础能源的石油一旦涨价，所有企业的成本都会上升，所有的产品都会涨价。工资也是企业成本的重要组成部分，如果工资上升不可避免，比如由于工会的力量强大，或者法律规定工资必须上涨，企业就要提高产品的价格才能消化工资成本的上涨，否则就要亏损。

第三，是人们的预期，称为“惯性通货膨胀”。预期是人们对未来的判断和猜测，是根据人们能获得的各种信息做出的。如果大家都预期明年的价格会上涨5%，于是工资协议、购销协议都会上涨5%，工资和价格都会增加5%。结果，明年的价格就没有办法不上涨5%了。这叫“自我实现的预言”。一旦预期形成，价格就会持续上涨，成为惯性。

实际的通货膨胀可能是一种原因，也可能是多种原因共同作用的结果。其中最常见的还是需求拉动的通货膨胀。

针对通货膨胀的成因，治理它的第一个办法是压缩总需求。可以用财政政策，比如提高税收，减少个人的可支配收入，从而降低消费需求；同时减少企业的税后利润，减少企业的投资需求；还可以减少财政的购买支出；或者提高汇率，压缩国外需求；也可以用紧缩性的货币政策，如提高利率，把部分需求转化为存款，同时压缩企业的投资；还可以提高准备金率，提高贴现率，在公开市场上卖出政府债券。这些手段都可以减少商业银行的贷款规模。

还有一个办法是实行工资和物价管制，控制成本上升。比如冻结工资、控制基础价格等。当然这个办法是临时性的，价格受到管制是有害效率的。

还有一个让人有点难以接受的办法，可是理论上却有重要意义，那就是采取经济衰退的办法来控制不断上涨的价格。

20世纪50年代，有一位叫菲利普斯的英国经济学家，根据英国150年的历史资料，发现了一个有趣的规律，简单地说就是，失业率和通货膨胀率存在交替的关系，也就是此消彼长的关系。他发现，当通货膨胀率比较高的时候，失业率就比较低；而当失业率比较高的时候，通货膨胀率就比较低。这是因为当通货膨胀率比较高时，往往总需求比较大，东西都能卖得出去，因此就业会比较好，失业率比较低；当失业率比较高时，人们的收入下降了，就不愿意花钱买东西了，总需求就下降了，企业就不敢提高价格，因此，通货膨胀率会比较低。

通货膨胀和失业的交替关系有重要的政策含义，对于解决通货膨胀和失业都有启发。如果政府并不害怕失业率上升，而是害怕通货膨胀的话，就可以采取经济衰退的办法，造成失业率上升，通货膨胀率就下来了。如果政府害怕的是失业率太高，并不在意通货膨胀，那么，就可以多印些钞票，适当增加通货膨胀率，失业率自然就会降下来。

通货紧缩的利弊

2014年10月29日，美国联邦储备委员会宣布结束其债券购买计划，还承诺将在相当长的时间内把短期利率维持在零附近。由此，曾被冠以“无限期”之名的美联储第三轮量化宽松政策在启动两年多后宣告结束。

英国《金融时报》称，尽管美国量化宽松政策对市场的影响令人费解，但它对经济产生了预期的影响。2012年9月，失业率的逐步改善停滞在8.1%，但自此以来已降至5.9%。在宣布推出永久量化宽松时，美联储曾表示“如果劳动力市场前景没有显著改善”，将一直执行该政策。现在看来，无论量化宽松政策是否足够，它已达到目标。另外，受益最大的不是美联储在购买的资产，而是股票。在永久量化宽松时期，标准普尔500指数累计上涨42.75%。

《华尔街日报》称，美联储指出，一系列劳动力市场指标显示，美国劳动力市场的过剩状况正逐渐消退。这一表态删除了上一次声明中有关劳动力市场过剩状况较为“严重”的评估。投资者一直密切关注该措辞的变化情况，以便寻找美联储对美国经济信心增强的信号。

量化宽松，主要是指中央银行在实行零利率或近似零利率政策后，通过购买国债等中长期债券，增加基础货币供给，向市场注入大量流动性资金的干预方式，以鼓励开支和借贷，也被简化地形容为间接增印钞票。当银行和金融机构的有价证券被央行收购时，新发行的钱币便被成功地投入到私有银行体系。

2008年11月25日，美国联邦储备委员会为了应对次贷危机，首次公布将购买政府支持企业房利美、房地美、联邦住房贷款银行与房地产有关的直接债务，还将购买由两房、联邦政府国民抵押贷款协会所担保的抵押贷款支持证券。首次量化宽松为市场注入了流动性，解决了金融业通货紧缩的难题。

经济学认为，当市场上流通的货币减少，人们的货币所得减少，购买力下降，影响物价下跌，造成通货紧缩。长期的货币紧缩会抑制投资与生产，导致失业率升高及经济衰退。

对通货紧缩的成因，主要存在三种观点。

一是有效需求不足论。该理论认为通货紧缩源于有效需求的不足，有效需求不足是消费需求和投资需求不足的结果。消费需求不足是因为边际消费倾向递减，而投资需求不足则是因为资本边际效率递减和流动性偏好。在标准的总需求和总供给模型中，总需求曲线和总供给曲线的交点决定了均衡的物价总水平和均衡的产出水平。如果经济遇到需求冲击，总需求曲线就会向左移动，导致均衡产出和物价总水平下降（即通货紧缩）。

二是货币主义的观点。该理论认为，通货紧缩源于货币供应量的过度收缩。货币主义者的观点是以货币数量论为基础的，货币数量论可以用公式表示为：$MV=PT$。其中M是货币供应量，V是货币流通速度，P是价格水平，T是实际产出。实际产出是由真实因素决定的，货币流通速度是一个稳定的函数，因此，货币供应量的变动必然导致价格水平一对一的变动。基于此，货币供应量的过度收缩必然成为通货紧缩发生的根本原因。

三是通货紧缩是经济处于流动陷阱时，价格机制强制实现经济均衡的必然结果。在流动性陷阱下，短期贷款利率降至很低，甚至为零，人们愿意选择储蓄，而不愿投资和消费，储蓄和投资之间存在缺口。由于名义利率不能为负，经济均衡所需的负的真实利率难以实现，利率机制对经济活动的调节作用失效。此时，物价水平下降（即通货紧缩）就促使人们增加消费，减少储蓄，从而消除储蓄和投资缺口，恢复经济均衡。

一般来说，适度的通货紧缩会加剧市场竞争，有助于调整经济结构和挤去经济中的“泡沫”，也会促进企业加强技术投入和技术创新，改进产品和服务质量，对经济发展有积极作用。

通货紧缩意味着消费者购买力增加，但持续下去会导致债务负担加重，企业投资收益下降，消费者消极消费，国家经济可能陷入价格下降与经济衰退相互影响、恶性循环的严峻局面。过度的通货紧缩会导致物价总水平长时间大范围下降，市场银根趋紧，货币流通速度减慢，市场销售不振，影响企业生产和投资的积极性，强化了居民“买涨不买落”心理，导致企业的“惜投”和居民的“惜购”，大量的资金闲置，限制了社会需求的有效增长，最终导致经济增长乏力，经济增长率下降，对经济的长远发展和人民群众的长远利益不利。由此看来，通货紧缩对经济发展有不利的一面。为此，必须通过加大政府投资的力度，刺激国内需求，抑制价格下滑，保持物价基本稳定。

治理通货紧缩，首先，要采用宽松的货币政策，增加流通中的货币量，从而刺激总需求。其次，采用宽松的财政政策，扩大财政支出，可以直接增加总需求，还可以通过投资的“乘数效应”带动私人投资的增加。对由于某些行业的产品或某个层次的商品生产绝对过剩引发的通货紧缩，一般采用结构调整手段，即减少过剩部门或行业的产量，鼓励新兴部门或行业发展，通过各种宣传手段，增加公众对未来经济发展趋势的信心。建立健全社会保障体系，适当改善国民收入的分配格局，提高中下层居民的收入水平和消费水平，以增加消费需求。

国家也会“破产”

由于金融业越来越发达，也越来越重要，逐渐成为经济的核心，而其所引起的危机的破坏程度也越来越大。现在，金融危机不仅仅会使大批的金融机构和实体企业破产倒闭，还会让一个国家面临倒闭破产的境地。

2008 年 10 月 6 日，冰岛总理哈尔德通过电视讲话，对全体国民发出警报：“同胞们，这是一个真真切切的危险，在最糟的情况下，冰岛的国民经济将和银行一同卷进旋涡，结果会是国家的破产。”此时，他面对的冰岛不再是这个世界最美丽干净、金融高度发达的天堂，而是外债超过 1383 亿美元、本国货币大幅贬值的黑色乌托邦，昔日在全世界过得最幸福的冰岛人将生活在国家破产、朝不保夕的恐惧中。

在日常生活中，我们会经常听到哪个公司或企业破产了，倒闭了，也知道个人或者家庭会破产，可从来没有听说过哪个国家会破产。但这种现象现在却真实地出现了，冰岛由于金融危机的冲击，严重地资不抵债，濒临破产的边缘。

冰岛人口只有 32 万，过去仅靠渔业支撑，但是在 20 世纪 90 年代，全世界进入一个连续 10 余年高速增长的黄金年代：冰岛的银行体系此时迅速萌芽并以疯狂的速度扩张。它们在全球各地成立分行，发放了大量的贷款，银行业因此成为冰岛经济的最强支柱。截至 2008 年 6 月 30 日，冰岛三大银行的资产规模总计达到 1280 亿美元。与之相比，2007 年冰岛的国内生产总值（GDP）还不到这个数字的1/10。

银行资产的大量累积让冰岛人尝到了甜头，这个小国人均GDP高居世界第四。但是当“金融海啸”袭来时，这个国家才发现它们变成了经济危机中的“裸泳者”。

事实上在经济学领域，“国家破产”的概念并不是特别严格。从理论上说，一个经济单位——小到个人，大到国家——如果资不抵债就是陷入了破产的境地。但是国家和其他经济体不同，国家拥有课税权、发钞权和举债权，就使得它不可能实际破产。

因此，所谓的“国家破产”实际上也就是对一个国家经济状况的一种描述，即首先，政府出现大量的财政赤字、对外贸易赤字；其次，出现大量外债；最后，该国家没有偿还外债的能力，同时也没有改善国内经济状况的办法。在这种情况下，我们就可以说这个国家要破产了。

面对一个个国家纷纷陷入破产危机，如何拯救它们，也同样成为迫在眉睫的任务。早在2000年，国际货币基金组织（IMF）提出过一个解决机制，将IMF的地位放在了国家破产解决程序的核心地位。但是很明显，这一方案遭到了所有国家的反对。两年后，IMF提出一个改进后的方案，该条款从法律上允许债权人中的一个“绝大多数集体”（占债权人总量的60%～70%）可以进行债务重组，同时该重组须将其余的债权人包括在内，而IFM只起监督和最后仲裁的作用。

为了应对当年与“国家破产”几乎相同的阿根廷债务危机，美国政府也提出过相应的解决方案，但实际上也没有起任何作用。

要挽救国家破产的危局，就必须从国内、国际多方面寻求解决的办法和渠道。首先是国际求助，比如这次冰岛向俄罗斯寻求贷款，从国外获得帮助来缓解自己的压力。其次是通过谈判解决债务问题，比如拉美国家曾经发生的债务危机就是通过国际谈判，对那些无法偿还的债务予以免除、延期等措施，这也是一种缓解危机的办法。最后，要靠发动国内民众共渡难关。

衡量经济的天平：GDP

国际货币基金组织公布最新数据显示，按购买力平价计算，中国国内生产总值（GDP）在2014年将达17.6万亿美元，而美国的GDP为17.4万亿美元。美国道琼斯公司旗下财经网站“市场观察”报道称：“美国的黄昏正悄然到来。这是自从尤利西斯·格兰特担任美国总统以来，美国第一次成为世界老二。14年前，中国的经济总量还只是美国的1/3。”

欧洲经济学家此前预计，中国经济体量将在2019年超过美国，这一步骤整整提前了5年。德国财经网7日报道称，几百年前，中国已经是世界最大经济体，现在中国又回到顶端。未来，中美经济竞争将更加激烈。人民币正挑战美元的全球地位，中国在构建自己的国际经济秩序。不过，中国人均GDP还远远没有达到发达国家水平，追赶还要几十年。

GDP是英文Gross Domestic Product的缩写，也就是国内生产总值。通常对GDP的定义为：一定时期内（一个季度或一年），一个国家或地区的经济中所生产出的全部最终产品和提供劳务的市场价值的总值。

一般来说，国内生产总值有三种形态，即价值形态、收入形态和产品形态。从价值形态看，它是所有常驻单位在一定时期内生产的全部货物和服务价值与同期投入的全部非固定资产货物和服务价值的差额，即所有常驻单位的增加值之和；从收入形态看，它是所有常驻单位在一定时期内直接创造的收入之和；从产品形态看，它是货物和服务最终使用减去货物和服务进口。GDP反映的是国民经济各部门的增加值的总额。

GDP是用最终产品来计量的，即最终产品在该时期的最终出售价值。一般根据产品的实际用途，可以把产品分为中间产品和最终产品。中间产品是指为了再加工或者转卖用于供其他产品生产使用的物品和劳务，如原材料、燃料等。所谓最终产品，是指在一定时期内生产的可供人们直接消费或者使用的物品和服务。这部分产品已经到达生产的最后阶段，不能再作为原料或半成品投入其他产品和劳务的生产过程中去，如消费品、资本品等。GDP必须按当期最终产品计算，中间产品不能计入，否则会造成重复计算。

GDP还是一个市场价值的概念。各种最终产品的市场价值是在市场上达成交换的价值，都是用货币来衡量的，通过市场交换体现出来。一种产品的市场价值就使用这种最终产品的单价乘以产量获得的。

此外，那些非生产性活动以及地下交易、黑市交易等不计入GDP中，如家务劳动、自给自足性生产、赌博和毒品的非法交易等。

GDP是宏观经济中最受关注的经济统计数字，因为它被认为是衡量国民经济发展情况最重要的一个指标。一国的GDP大幅增长，反映出该国经济发展蓬勃，国民收入增加，消费能力增强。反过来说，如果一个国家的GDP出现负增长，也就该意味着该国经济处于衰退状态，消费能力降低。

既然GDP概念是源自于交换产生财富的原理，那么，我们在追求GDP时，就必须符合这个原理的基本条件。这个原理的基本条件：一是交换必须自愿，二是交换必须不妨碍第三人，三是交换必须在两个清晰的产权主体之间真正发生。假定不符合这三个条件，那么所得出的GDP数值的准确性就会大打折扣，或者说GDP的数据就会有瑕疵。

如强制交易的GDP、妨碍他人的GDP、出口创造的GDP、投资产生的GDP、消费带来的GDP等都会影响GDP的总有效积累。如果一边是GDP增加，一边是GDP的消失；或者是GDP在不断地增加，但增加的却是一些无效的GDP，那么再高的GDP发展速度也不能证明社会的财富在增加，经济在发展，因为只有保留下来并为人们所需要的GDP才是真正的财富。

另外，经济学家普遍承认，GDP没有包含另一些对生活有意义的东西，像环境质量、闲暇时间和社会公平等。因此人们对GDP颇有微词，认为经济增长并不是全部，而且会导致环境质量恶化、闲暇时间减少和贫富差距拉大等问题。为了弥补GDP的缺陷，联合国一直公布各国的人类发展指数，作为衡量人类发展的综合尺度。

人类发展指数（Human Development Index，HDI），是由联合国开发计划署在《1990年人文发展报告》中提出的用以衡量联合国各成员国经济社会发展水平的指标，是对传统的GDP指标挑战的结果。它测量国家或地区在人类发展三个基本方面即寿命、知识和体面生活的总体成就。寿命以“出生时预期寿命”指标度量，知识以“成人识字率”和“小学、中学和大学综合毛入学率”指标度量，体面的生活以“人均GDP”指标度量。由此可见，HDI考虑了人均GDP增加的因素，又导入了对人类发展的概括性揭示：健康长寿、个人安全、受教育程度和人力资本价值等，这是对发展理念的新诠释。

人是真正的财富。发展涉及的是扩大人们过上他们所珍视的生活的选择。因此，它涉及的远远不止是经济增长。这种看待增长与发展的观点并不新鲜，而在只顾积累物质财富的现实社会中，它常常被人忘记。

人类发展指数提醒我们：GDP增长反映经济总规模的扩大，但其本身并不能评价和反映增长的绩效。环顾全球，一些发展中国家在工业化初期，GDP高速增长，但有关人类发展的指标并未同步跟进，甚至个别指标出现恶化。对于一国或地区来说，增长规模与增长绩效的良性互动，是至关重要的。从对增长绩效的考核中发现问题，改进增长质量，让每一个百分点的增长都最大限度地转化为人民的收入和生活质量的提高，使他们从中得到更多的福利，才是增长的初衷。

度量富裕的恩格尔系数

2005 年，美国摄影师皮特·门泽尔出版了纪实摄影集《饥饿的星球》。他走访了 24 个国家的 30 个不同家庭，对他们每周的食物进行了详细的调查和统计，然后将这些食物按照一定的顺序巧妙地摆放好，和家人一起照张“全家福”。在书中，图片旁被附上注释，主要为图片拍摄地所在的国家的关于食物的一些说明，如这个国家的平均肥胖率、烟草的人均消费量、吃汉堡包的频率等。

差异是如此明显：德国巴格特海德市的梅兰德一家，四口人一周的食物开支高达 500 美元；而生活在乍得布里德金难民营的阿布巴卡尔一家六口，一周食物支出仅仅 1.23 美元。更为重要的是，500 美元对梅兰德一家来说几乎是毫无负担的，他们还有很多钱用在家具、书籍和绿色植物上；而对阿布巴卡尔一家来说，1.23 美元几乎是他们的全部收入，除了一个破布帐篷、一块铺在地上的毯子和几个储水的塑料桶，他们再无任何家当。

从食物消费的多少，就能判断出一个家庭乃至一个国家的富裕程度，全赖恩格尔系数之赐。恩格尔系数是德国统计学家恩格尔在 19 世纪提出的。恩格尔在工作中发现，人们的收入越高，用来购买食物的支出占总支出的比例就越低。食物支出占总支出的比例就被称为恩格

尔系数，其计算公式为：恩格尔系数＝食品支出总额÷家庭或个人消费支出总额×100％

恩格尔在提出恩格尔系数的基础上，又进一步阐述了恩格尔定律。现在，西方经济学家们对恩格尔定律主要从以下三方面进行表述。

第一，随着家庭收入的增加，用来购买食物的支出占家庭收入的比重会下降。

第二，随着家庭收入的增加，用作家庭住宅建设与家务经营的支出占家庭收入的比重大致不变。

第三，随着家庭收入的增加，用于娱乐、交通、教育、服装、卫生保健方面的支出与储蓄占家庭收入的比重会升高。

恩格尔定律反映了这样一个经济事实：食物的开支在消费总量中所占的比重越大，恩格尔系数就越高，人们的生活水平就越低；反之恩格尔系数也就越低，生活水平就越高。从社会大局的角度来考虑，整个社会的经济发展水平越高，人们用来购买食物的开支所占比重就越小。

恩格尔定律主要表述的是，食物支出占消费总支出的比例会随着收入的变化而改变，而且这种变化有一定的规律可循。所以，这一定律不只是揭示了居民总收入与食物支出之间的关系，也可用来说明一个国家的经济发展状况。

解决温饱是人类生存的首要问题，在人们的收入水平比较低时，食品支出在消费总支出中必定占有重要的位置。随着社会经济的不断发展，居民的收入不断增加，在对食物的需求这一基本条件得到满足的情况下，人们的消费重心才会转向生活的其他方面。所以，恩格尔系数的大小，反映了一个国家或者家庭的生活是富裕还是贫穷。

国际上往往将恩格尔系数作为衡量一个国家与地区居民生活水平的标准。联合国粮农组织提出的标准为：恩格尔系数高于59％表示贫困，在50％～59％表示温饱，在40％～50％表示小康，在30％～40％

表示富裕，低于30%表示最富裕。

在运用恩格尔系数这个标准进行国际与城乡对比时，要考虑到不可比因素的存在，比如消费品价格比价不同、人民生活习惯的差异，以及因社会经济制度不同所产生的特殊因素等。此外，我们还要明白，恩格尔系数这一衡量标准并非是万能的，它也会在某些时候制造出一些迷惑人的假象，有时也会失灵。

衡量贫富差距的基尼系数

英国是经济发达国家，但是这个国家仍有穷人。有位76岁孤身老妇每周收入80英镑，而住房、食品、水电等必要开支就要花费70多英镑。尽管老太太将每一个便士都捏出了汗似的不敢轻易出手，茶叶包都是一冲再冲直至颜色消失殆尽才依依不舍地丢弃，可怜的她最终仍无法摆脱入不敷出的贫困现实。

但富翁帕利埃就不同了。他在伦敦经营一家市值1.7亿英镑的对冲基金公司。帕利埃有一辆价值8万英镑的跑车，因为没有道路行驶税标志被警察拖走，一拖就是3个月。直到有人告诉他“车要被拍卖了”，帕利埃才想起心爱的跑车。各种罚款加在一起，帕利埃要掏5000英镑，他还说：“与伦敦市中心的停车费相比，车放在警察手里并不贵。”

居民收入分配的差异程度，是当前人们普遍关心的一个问题。收入分配差异的合理性，一方面可以反映按劳分配原则的实现情况，另一方面是保障居民生活和社会稳定的重要条件。衡量收入差异状况最重要、最常用的指标是基尼系数。

基尼系数是20世纪初意大利经济学家基尼根据洛伦茨曲线提出的判断分配平等程度的指标。

现实中的基尼系数介于0与1之间。基尼系数越大，收入分配越不平均；基尼系数越小，收入分配越接近平均。如果，基尼系数最小为0，说明收入分配是完全平均的；基尼系数最大为1，则说明收入分配差别极大。

市场经济国家衡量收入差距的一般标准为：基尼系数在0.2以下表示绝对平均；0.2～0.3表示比较平均；0.3～0.4表示较为合理；0.4～0.5表示差距较大；0.5以上说明收入差距悬殊。通常把0.4作为收入分配差距的“警戒线”。一般发达国家的基尼指数在0.24～0.36。

计算基尼系数，可以用收入分组数据计算，也可用分户数据计算。但要注意的是，无论分组还是分户计算，均应先对数据按收入从低到高排序，分组计算时，一般应使分组的组距相等。用分组数据计算的基尼系数要明显小于分户数据的计算值，特别是当分组的组数不多时，差距更大。用分户数据计算基尼系数时，采用的计算指标不同，也会出现不同的结果。一般有两种计算方法，一种方法是按户总收入排序，计算基尼系数，此时，为每户收入占总收入的比例，为调查户数的倒数；另一种方法是按每户家庭的人均收入排序，此时，为每户人口占全部人口的比例，为本户人均收入占人均收入之和的比例。这两种计算方法，结果是有差异的，按人均收入计算的基尼系数要大于按户收入计算的基尼系数。在用基尼系数进行不同地区、不同时期的收入差距比较时，应注意计算方法的一致性，不同计算方法得出的基尼系数是没有可比性的。

用基尼系数分析居民收入的差异是一种比较普遍的方法，可是它并不是唯一的标准，更不能认定它超过0.4社会就会不稳定，甚至陷入“基尼恐慌”之中。我们应当具体问题具体分析，要懂得社会是一个十分复杂的大系统，并不是任何一个指标、系数就能做出衡量的。就算是普遍认同的一些标准，在一定程度上也只能反映出社会的某一侧面，绝不能全面地反映出整个社会的状况。基尼系数反映的只是一个静态的结果，针对指标分配的结果，并未考虑分配的初始条件与分配中各个群体投入的劳动等因素。所以，基尼系数只能作为一个单纯指示结果公正的工具，而无法反映出生产过程是否公正。

金钱不等于幸福

2012 年，中央电视台推出了调查节目《走基层·百姓心声》，记者们分赴各地采访包括城市白领、乡村农民、科研专家、企业工人在内的几千名各行各业的工作者，问了他们同一个问题："你幸福吗?"这个简单的问句背后蕴含着一个普通中国人对于所处时代的政治、经济、自然环境等方方面面的感受和体会，引发了当代中国人对幸福的深入思考。

什么是幸福？采访告诉我们，没有一定的定义。但是学者们也在试图衡量幸福的水平，包括最严谨的经济学家。他们发明了"国民幸福指数"（Gross National Happiness，GNH）这个指标。如果说 GDP、GNP 是衡量国富、民富的标准，那么幸福指数是衡量人们对自身生存和发展状况的感受和体验，即人们幸福感的一种指数。

国民幸福指数最早由不丹王国的国王提出的，他认为"政策应该关注幸福，并应以实现幸福为目标"，人生"基本的问题是如何在物质生活（包括科学技术的种种好处）和精神生活之间保持平衡"。在这种执政理念的指导下，不丹创造性地提出了由政府善治、经济增长、文化发展和环境保护四级组成的“国民幸福总值”指标。

如果说“生产总值”体现的是物质为本、生产为本的话，“幸福总值”体现的就是以人为本。世界银行主管南亚地区的副总裁、日本的西水美惠子对不丹的这一创举给予了高度评价。她说，完全受经济增长左右的政策往往使人陷入物欲的陷阱，难以自拔。几乎所有的国家都存在相同的问题，但是我们决不能悲观。

对于人的主观幸福感的测量在20世纪60年代晚期到80年代中期，成为心理学的一个研究热点。心理学家对主观幸福感的探讨更多来自生活质量、心理健康和社会老年学三个领域。由于社会学家和经济学家加入幸福感研究的行列，幸福感的丰富内涵和表现形式得到了更多的揭示。

就社会层面而言，其成员的幸福感将受到他们心理参照系的重大影响，例如在一个封闭社会中，由于缺乏与其他社会的比照，尽管这个社会的物质发展水平不高，但由于心理守常和习惯定式的作用，其成员便可能知足常乐，表现出不低的幸福感；而一个处在开放之初的社会，面对外来发达社会的各种冲击，有了外在参照，其成员的幸福感便可能呈现下降之势，因为此时他们原有的自尊受到了创伤。

心理学家认为，个人对自我认同的连续性、对所生活其中的社会环境表现出的信心对于形成个体的信任感是极其重要的，而对外在世界的信任感，既是个体安全感的基础，也是个体抵御焦虑并产生主观幸福感的基础。因此，人的幸福感有时与其经济状况或收入水平之间并不是简单的正比关系，在现实生活中，一些经济状况不佳的人，其幸福感却不低，而有些百万富翁却整日忧心忡忡。

中国人的幸福感在过去30年中先升后降，表现出与经济发展轨迹之间的异步性。其中主要原因在于，那时社会分化程度还不大，社会成员在心理上更多是做纵向比较，与过去的生活水平相比，较容易产生满足感。但是如何保持这种幸福，是每个人都应当思索的课题。

第三章 透过市场看世界

在几乎所有的经济学教科书中，都有一个种植土豆的农民和一个牧羊的牧人，然后他们交换各自的产品——土豆和羊肉。交换，或者说贸易，是经济学得以存在的基础。没有了交换，经济学也就失去了用武之地。在世界各地无数市场中，无时无刻不在进行的交换行为，是经济学最吸引人的景象。

垄断是怎样形成的

在各种关于对中国消费者最具影响力的广告的评选中，比利时戴比尔斯（De Beers）公司的“钻石恒久远，一颗永流传”的广告语都榜上有名。这句广告语的英文版本自 1953 年推出以来，一直沿用至今，1993 年传入中国后，更被奉为经典，并在很大程度上改变了中国消费者的婚庆习俗。

可是现在很少有人知道，钻石的形象完全是戴比尔斯这个处于绝对垄断地位的、世界上最大的原钻供应商“制造”出来的。为了刺激钻石的需求，集团旗下的钻石贸易公司每年的营销推广费用高达数亿美元。它们是最早在好莱坞电影中进行产品植入式营销的企业，电影中男女主人公坠入爱河的场景中总是出现戴比尔斯的身影。它们赠送一些样品给电影明星，掀起钻石时尚潮流。经过戴比尔斯公司的努力，到了 20 世纪 60 年代，80％的美国人订婚时都赠送钻石戒指作为信物。

更重要的是，戴比尔斯要垄断钻石的生产。戴比尔斯公司在 19 世纪末就几乎控制了南非所有的钻矿，而南非的钻石产量则占到全球产量的九成以上。每当全球有新发现的钻矿，戴比尔斯公司就立马飞至重金买下。接下来他们要做的就是压缩产量，造成“钻石稀缺”的假象。

事实上，与其他宝石相比，钻石的储量并不那么稀少。2012 年 9 月，俄罗斯宣布在西伯利亚东部地区发现了一个巨型的钻石矿，有万亿克拉的储量，足够满足全人类三千年对钻石的需求。据说俄国早在 40 年前就发现了这个巨大的钻石矿，只是考虑经济利益，于是选择了保守秘密。

在垄断情况下，一个厂商就是一个行业，该厂商的产量便是整个行业的产量，其产量的多少将直接影响价格。垄断厂商销售的商品没有任何类似的替代品，别的任何厂商想进入这个行业将十分困难，这就消除了市场中所有的竞争因素。因此，垄断厂商可以掌控和垄断市场价格。

形成垄断的因素是多方面的，但主要因素是由于各种“行业壁垒”妨碍了其他厂商进入所造成的，具体有以下几个方面。

第一，由于政府特许而形成的垄断，比如供电、供水及铁路运输部门等。这些行业只有在政府批准下才可以进入，政府基于政治、军事等国家安全方面的考虑，通常仅许可一家公司从事该行业。

第二，非人为原因造成的垄断，即自然垄断。某些行业由于客观技术水平的限制，需要实施一次性大规模固定资本设备的投资，只有实行大规模生产经营才能够充分发挥各种生产要素的效应，获得规模经济效益，从而把生产成本降至能够赢利的水平。但这种高效率的生产规模对于整个市场而言非常大，以至于仅需要一家厂商的生产就能够满足整个市场的需求。

第三，知识产权形成的垄断，比如技术专利权等。假如一个厂商拥有某项产品或制造某项产品的工艺技术专利权，便会受到法律的保护，别的厂商就无法生产此项产品或使用此项工艺技术，该技术垄断常常会形成产品市场的垄断。

第四，生产资料的控制。倘若某个厂商控制了生产某种商品所必需的基本原材料的供应，并且该原材料没有类似的替代品，那么这个厂商也就掌控了使用该原材料生产产品的供给，从而导致垄断。这种对资源的单独占有，消除了别的厂商生产同类产品的可能性，这也是垄断形成最根本的原因。

在没有100％控制原材料或者有类似替代品的情况下也能够形成

垄断，戴比尔斯就是最典型的例子。戴比尔斯占有市场份额的多少，取决于是否有这种产品的近似替代品。倘若人们都认为红宝石、蓝宝石和翡翠是钻石的绝佳替代品，那戴比尔斯拥有的市场势力就会比较小，其任何一种想提升钻石价格的努力都会令人们把目光转向其他宝石。可是，如果人们认为那些宝石都无法与钻石相比，那戴比尔斯就能够在很大程度上控制自己商品的价格。

与垄断相对的，是一种理想的市场形态——完全竞争市场。这是一种购买者和销售者的买卖行为对市场价格没有任何影响的市场结构。它的特点主要有四个：市场上有无数的买者和卖者；同一种产品都是同质的，没有差别；市场资源是完全自由流通的；所有人都掌握着关于市场的全部信息。

既然市场上有大量的需求者和供给者，那么其中任何一个人买与不买，或卖与不卖，都不会对整个商品市场的价格产生影响；既然产品都是一样的，那么对消费者来说，购买任何一家厂商的商品都是一样的；既然信息是非常充分的，那么也就排除了由于信息不畅可能产生的市场同时存在几种价格的情况，价格只能是一种，否则顾客会去挑最便宜的商品。在这样的完全竞争市场里，商品的价格将彻底地由市场供给和需求决定，并且，每一种商品都会在最后形成均衡价格，也就是当市场供需相等时的价格。

那么，在完全竞争市场或者近似的市场里，因为同质同价，卖方究竟怎样才能赚取更多的利润呢？难道只能靠运气的青睐吗？的确，在这样的市场里，卖方完全受到市场支配，竞争激烈，在产品完全相同的情况下，卖方就不得不在降低成本上大做文章，比如降低运费、减少商业开支等。除此，卖主还要进行价格外的营销竞争，比如要热情周到地服务，把鸡蛋装进盒子便于顾客提携，给鸡蛋贴上商标，等等，都可以吸引更多的顾客。

现实中并不存在理想的完全竞争市场。但是就像物理学中的理想实验一样，现实中能否实现不重要，重要的是有了这种完全竞争市场的模型，并对之进行分析，我们就有了一把尺子、一面镜子，就可以很好地加深对非完全竞争市场的理解。

赢家通吃的寡头市场

2015年年初，中国商用飞机有限责任公司一位内部人士表示，国产大型商用客机C919的总装已基本完成，力争在2015年年底实现首飞。大型商用客机市场被空中客车（Airbus）和波音公司（Boeing）垄断的局面即将结束，一个“ABC”三国鼎立的时代即将到来。

在民用飞机市场，欧洲的空中客车公司和美国的波音公司一直在干线飞机市场中居于统治地位，其他公司很难插足，只能在支线飞机市场求生存，比如加拿大的庞巴迪宇航公司。

庞巴迪是世界知名的支线客机生产商，一度占据了20～92座支线飞机市场40%的份额。随着羽翼渐丰，庞巴迪有意寻觅更广阔的天空，决定研发110座和130座的民用飞机，为此投入了大量人力、物力，并使用了大量类似于波音和空客的干线飞机技术。

卧榻之侧岂容他人安睡，一贯是竞争对手的波音和空客马上联合起来予以强烈反击，依仗富可敌国的财力，对相关企业抛出种种合作策略（实际上就是“恩威并施”），以至于在两大“寡头”的影响下，出于对利益的考虑，全球没有一家发动机制造商和航空公司敢拿出实质行动支持庞巴迪的研发计划，既没人向其出售发动机，也没有人敢向其订购大飞机。到了最后，庞巴迪公司不得不放弃已成“空中楼阁”的宏伟计划。

寡头市场，也称寡头垄断，是指某种商品的生产和销售由少数几家大企业控制的市场，其特点是在该行业中厂商数量少并且相互影响，而商品的价格比较稳定，厂商进出这个行业都不容易。

在现实当中，寡头垄断常见于重工业部门，比如汽车、钢铁、造船、石化，以及我们正在谈论的飞机制造等部门。这些行业的突出特点就是“两大一高”——大规模投入、大规模生产、高科技支撑。这些苛刻的条件使得一般的厂商难以进入，再有钱的老板在这些行业门口一站，马上就会发现自己做的只不过是“小本生意”。而且，那些已经历长期发展、具备垄断地位的“巨无霸”企业，为了保持对技术的垄断和丰厚的利益，也势必要采取种种高压手段打击竞争对手，绝不允许任何后来者与自己分享这一市场。这是现实，也是市场竞争的必然。

到现在，民用飞机市场已经成为全球垄断程度最高的行业之一。波音公司和空客公司已经完全瓜分完了世界市场。飞机价格极其高昂而又不可或缺，可以想象，在这一领域，占据垄断地位的波音和空客会获得多么丰厚的利益。

虽然波音和空客没有权力禁止其他公司（包括本国或者外国）进入客机市场，但是，它们却可以利用自己的强大实力，在这一市场上打压其他公司，从而确保自己的霸主地位，成为实际上“说了算”的“飞机皇帝”。

实际上，日本、荷兰、俄罗斯、印度尼西亚甚至还有中国的民用飞机制造业都或多或少受到过波音和空客的压制。两大寡头可以允许外来者进入狭小的支线飞机市场，但在大飞机市场里，是绝不容许外来者进入的。不过，尽管如此，仍然有许多企业盯着这一市场，并为进入该领域进行着不懈的工作。

“冰冻三尺，非一日之寒。”寡头市场有着长期发展所形成的优势，也有着明显的劣势。总的来说，就经济效益而言，由于长期以来寡头市场的市场价格高于边际成本，企业利润有着稳定、可靠的保障，加之缺乏竞争者的加入，因此寡头企业在生产经营上缺乏积极性，这导致其效率降低。但是，由于寡头企业规模大，便于大量使用先进的生产技术，加速产品和技术革新，因此又有其效率较高的一面。

经营者爱扎堆

“荣华鸡”，这是一个几乎被人们遗忘的名字，它代表着民族快餐行业对洋快餐的第一次正面挑战。

荣华鸡快餐公司成立于1991年12月28日，以“油炸鸡”为主打产品，挑战主营鸡肉食品的肯德基快餐厅。因为荣华鸡更适合中国人口味，价格也比较便宜，受到了消费者的欢迎。1994年，荣华鸡在北京开了第一家分店，位于王府井商业区的店址正对肯德基王府井店。荣华鸡喊出了这样的口号：“肯德基开到哪儿，我就开到哪儿!”

一时间，荣华鸡门庭若市，在一些地方，荣华鸡的生意甚至真的超过了肯德基，让中式快餐着实扬眉吐气了一番。但是随着时光的推移，荣华鸡在与肯德基的较量中逐渐落入下风。2000年，随着荣华鸡北京安定门店撤出，这场与肯德基的大战以失败告终。

有人认为，荣华鸡的失败在于总是和实力雄厚的“洋快餐”正面对抗，把餐厅开在肯德基的对面，生意自然会被对手慢慢抢走。这种看法不无道理，但并不是荣华鸡失败的主要原因。事实上，随后的各种中式快餐品牌在改善了经营管理之后，完全可以在洋快餐对面立住脚跟。况且，即使是同为洋快餐巨头的麦当劳，也喜欢和肯德基“扎堆”：你开一家店，我就要在你的附近甚至对面也开一家店。

麦当劳和肯德基经营的商品大体相同，在市场上有很强的替代性，如果它们挤在一起，不是会影响各自的生意吗？经济学能够对这个现象做出科学的解释。

首先看一个简单的博弈模型：假设有条完全笔直的公路，连接城市 A 和城市 B。这条公路上每天行驶大量的车辆，并且车流量在公路上是均匀分布的。假设有两家快餐店，我们不妨假设就是麦当劳与肯德基，它们要在这条公路上选择一个位置开设快餐，招徕来往车辆。

再对该模型做一个合乎逻辑的假定：通常情况下，车辆总是乐意到距自己最近的快餐店购买食物。根据这个假定，从资源的最佳配置来看，麦当劳、肯德基应该分别开在道路的 1/4 和 3/4 处是最优。在这种均匀散布的情况下，每家快餐店所有拥有的客户从距离最近的城市到两家快餐店的中心为止，因此都拥有一半的顾客量。

然而肯德基与麦当劳都精明之至，用经济学术语说就是“具有经济理性”。只要手段合法，它们总是希望自己的生意尽可能地红火，至于其他人的生意好坏则与己无关。出于这种理性，肯德基分店经理肯定会想到：如果我将店铺从 3/4 点处向中间移一点，那么两店之间的中点不再是 1/2 处，等于肯德基将从麦当劳抢夺走部分顾客，这对于肯德基方面来说无疑是一个好主意。当然麦当劳也不甘示弱，作为一个“经济人”，麦当劳自然也想到将自己的店铺从 1/4 点处向中间移动以争取更多的顾客。不难想象，双方博弈的结果将使它们的店铺设置在公路中点附近达到均衡状态，相依为邻且相安无事地做起快餐生意。如果我们放宽条件，不是两家快餐店，而是很多家快餐店，很容易分析得到结果：这些快餐店仍然会在设店地点达到均衡。

同样的道理，如果地段的繁华等其他原因在一条路上都可以认为到处相同的话，没有一个商家会将自己安置于某条路的一头，只要条件许可，超市将几乎趋向于相依为邻，这种现象完全可以看作公正市场竞争的合理结果。这就是很多城市商业中心形成的原理，在博弈论中称为位置博弈。

于是，就会形成一个大家都很熟悉的现象，那就是在每个大大小小的城市街道上，经常见到一些地段上商店十分拥挤，构成繁荣的商业中心区，但另一些地段却十分冷僻，没什么商店。更有意思的是，同类型的商家总是聚集在比较近的地方，如果在一条街上有2～3家超市的话，这几家超市经常会“相依为邻”，选址离得很近，倘若它们稍微分散地布置于街上，无疑对购物者提供相当的便利，因此他们认为超市“拥挤”在一起属于资源浪费。

从另一个角度来说，“扎堆”现象会使商家之间的竞争更为激烈，为了获得利润，商家必须在管理上下功夫，获得真正实惠的依然是全体消费者。

兼顾公平效率的拍卖

2014年年底，北京无与伦比国际拍卖有限公司发布消息称，该公司即将举办一场特殊的拍卖会，拍卖标的是“北京佳士凯国际拍卖公司”，拍卖“拍卖公司”在国内尚属首例。北京佳士凯国际拍卖公司总经理赵晓凯告诉前来采访的记者，随着互联网的高速发展，公司经营乃至整个拍卖业都遇到了极大的挑战，忍痛转让自己创立的拍卖公司，是为了让更年轻并具有互联网思维的创业者，接过佳士凯这个品牌。

随着网络社会的发展，原来“举牌”式的拍卖逐渐式微，网络拍卖方兴未艾。土地、房产、银行股权、高档艺术品这些动辄成交金额上亿元的交易品，正在成为互联网交易的新宠。根据中国拍卖行业协会发布的《2013年中国拍卖行业展望》蓝皮书，2013年，中国网络拍卖规模超过200亿元。

作为国内首屈一指的网络交易平台，阿里巴巴电商体系中最惊人的增长之一就是“淘宝拍卖会”。2013年，淘宝拍卖会全年交易额是2012年的200倍，仅2014财年第1季度，该平台的成交已经高达121亿元，超越2013年全年总额，增幅同比达1528%。拍卖业内人士预计，以成交规模计算，淘宝拍卖会将在2015年超越苏富比和佳士得两大传统拍卖公司的总和。

拍卖作为一种交易方式已经有几千年的历史了，设计和制定拍卖制度引起了很多人的关注。早在罗马帝国的末期，拍卖掠夺来的战利品已经很普遍了。在发达的拍卖市场，卖主们卖出古玩等艺术品、花卉和牲畜、出版权和伐木权、邮票和酒等，范围非常广泛。

拍卖是一个卖方（拍卖机构）与多个买方（竞买人）进行现场交易，使不同的买方围绕同一物品或财产权利竞相出高价，在拍卖竞价中去发现其真实价格和稀缺程度，避免交易的主观随意性，更直接地反映市场需求，最终实现商品的最大价值。

大量的交易采用拍卖的方式不是偶然的，拍卖使竞争发挥得更加充分，因而它是最有效率的交易方式。实际上拍卖的方式并不止一种。现在全世界流行的拍卖方式共有四种：英国式拍卖、荷兰式拍卖、一级密封价格拍卖和二级密封价格拍卖。

英国式拍卖是最常见的拍卖方式。这种拍卖方式的场面最具戏剧效果，所以经常出现在文学和影视作品中。具体做法是，先定一个底价，也叫保留价格，意思是如果竞买人出价低于这个价格，物主保留优先购买权。拍卖开始后，由拍卖师主持竞买，所有竞买者集中在一起，按照由低到高、逐步推进的方式公开竞价。拍卖师连续地喊出较高的价格直到只有一个愿意竞买者留下来为止。经拍卖师一锤定音以后，这个竞买者就以最高的价格获得拍卖物。

荷兰式拍卖是另一种公开竞价的拍卖方式，它也是由一个拍卖师主持，拍卖师在一开始就叫出一个很高的价格，然后不断地降低价格直到某一个竞买人出面表示愿意以那一价格买下拍卖物为止。这种拍卖形式因在荷兰被用之以销售出口的花卉而得名。

一级密封价格拍卖是一种密封竞价拍卖。在这种拍卖中，参与的竞买人把自己的出价写在一个密封的信封里交给拍卖师，经拍卖师开封后，出价最高的竞买人得到拍卖物，并且实际支付他报出的价格。

二级密封价格拍卖是一种比较特别的密封竞价拍卖。它是由 1996 年诺贝尔经济学奖得主、美国经济学家维克里教授在 1961 年提出的，所以也叫“维克里拍卖”。在这种拍卖中，也是密封竞价，经拍卖师开启信封后，出价最高的竞买人得到拍卖物，但是只支付等于第二高竞价的价格。

四种拍卖形式虽然具体方式各不相同，但它们之间还是有联系的。英国式拍卖和二级密封价格拍卖从最终效果方面来看是等价的。在荷兰式拍卖和一级密封价格拍卖中，拍卖人如何决定自己的出价将是一个比较困难的选择，出价越低，赢得拍卖的机会也越小，但一旦赢得拍卖所获取的额外利益也越多；相反，出价越高，赢得拍卖的机会越大，但一旦赢得拍卖所获取的额外利益将越少，甚至带来亏损，成为“倒霉的赢家”。在这个意义上，荷兰式拍卖和一级密封价格拍卖具有等价性。另外还可以证明的是，如果竞买人是风险中性的，英国式拍卖和二级密封价格拍卖要比荷兰式拍卖和一级密封价格拍卖产生较高的平均价格。

尤其是传统的英国式拍卖，由于竞买者互相影响，加上拍卖师的不断鼓动，最后成交的价格往往比人们预期的要高。因此，在拍卖场上，竞买者应冷静观察场上的竞价情况，稳定自己的竞价心态，守住心理价格。竞价时，一般可按加价幅度轮番出价，但价格接近心理价位时应谨慎，避免受拍卖场上竞价气氛的影响，盲目超出心理价位的界限。如果拍卖场上气氛平淡，竞买人可不急于出价，稍后，可出其不意地跳过加价幅度，一下子提高出价，摆出一副志在必得的架势。几轮出价后，常会吓退一些经验不足的竞买人，使竞价获得成功。还有一种比较省力的竞价方式是，在竞价低潮时，竞买人直接报出心理价格数，使他人一下子被出价气势所迷惑，在犹豫不决时成交。

什么是期货交易

从 1825 年开始，美国中西部的交通运输条件发生了惊人的变化，货物运价大为降低，如过去马车每吨每英里运价为 25 美分，而铁路运价只要 4 美分，水运为 2 美分，于是西部农业区农民生产的粮食大量运往芝加哥，以便卖个好价钱。但往往由于供过于求，事与愿违，因而产生了预先签订买卖合约，到期运来交实货的想法和交易方式。随着农业技术的发展，农产品产量大大增多，贸易量大增，仓储技术和仓库有了巨大的发展，芝加哥的粮食储运商能够储存大量粮食，因而促进了农产品的远期合约交易。

1848 年，82 位商人发起组织芝加哥期货交易所，主要目的是改进运输与储存条件，为会员提供信息，这是现代期货交易的雏形。

期货（Futures），是由“未来”一词演化而来，其含义是：交易双方不必在买卖发生的初期就交收实货，而是共同约定在未来的某一时候交收实货，因此中国人就称其为“期货”。

期货是相对现货而言的，它们的交割方式不同。现货是现钱现货，期货是合同交易，也就是合同的相互转让。期货的交割是有期限的，在到期以前是合同交易，而到期日却是要兑现合同进行现货交割的。所以，期货的大户机构往往是现货和期货都做的，既可以套期保值也可以价格投机。普通投资人往往不能做到期的交割，只好是纯粹投机，而商品的投机价值往往和现货走势以及商品的期限等因素有关。

最初的期货交易是从现货远期交易发展而来，最初的现货远期交易是双方口头承诺在某一时间交收一定数量的商品，后来随着交易范围的扩大，口头承诺逐渐被买卖契约代替。这种契约行为日益复杂化，需要有中间人担保，以便监督买卖双方按期交货和付款，于是便出现了 1570 年伦敦开设的世界第一家商品远期合同交易所——皇家交易所。为了适应商品经济的不断发展，1985 年芝加哥谷物交易所推出了一种被称为“期货合约”的标准化协议，取代原先沿用的远期合同。使用标准化合约，允许合约转手买卖，并逐步完善保证金制度，于是一种专门买卖标准化合约的期货市场形成了，期货成为投资者的一种投资理财工具。

期货合约是由期货交易所统一制定的，规定在将来某一特定的时间和地点交割一定数量标的物的标准化合约。这个标的物，又叫基础资产，是期货合约所对应的现货，这种现货可以是某种商品，如铜或原油，也可以是某个金融工具，如外汇、债券，还可以是某个金融指标，如三个月同业拆借利率或股票指数。广义的期货概念还包括交易所交易的期权合约。大多数期货交易所同时上市期货与期权品种。

期货交易的产生，为现货市场提供了一个回避价格风险的场所和手段，其主要原理是利用期货、现货两个市场进行套期保值交易。在实际的生产经营中，为避免商品价格的千变万化导致成本上升或利润下降，可利用期货交易进行套期保值，即在现货市场上买进或卖出一定数量现货商品同时，在期货市场上卖出或买进与现货品种相同、数量相当，但方向相反的期货商品，以一个市场的赢利来弥补另一个市场的亏损，达到规避价格风险目的的交易方式。

期货交易之所以能够保值，是因为某一特定商品的期现货价格同时受共同的经济因素的影响和制约，两者的价格变动方向一般是一致的，由于有交割机制的存在，在临近期货合约交割期，期现货价格具有趋同性。

期货交易的一个最大特点就是可以双向交易，可以买空也可卖空。价格上涨时可以低买高卖，价格下跌时可以高卖低补。做多可以赚钱，而做空也可以赚钱，所以说期货无熊市。

股票是全额交易，即有多少钱只能买多少股票，而期货是保证金制，即只需缴纳成交额的5%～10%，就可进行100%的交易。比如投资者有1万元，买10元一股的股票能买1000股，而投资期货就可以成交10万元的商品期货合约，这就是以小搏大。

期货交易实行由期货交易所和期货经纪公司分级进行的每日结算制度。在结算环节，由于公司根据交易所提供的结算结果每天都要对交易者的盈亏状况进行结算，所以当期货价格波动较大、保证金不能在规定时间内补足的话，交易者可能面临强行平仓风险。

在客户账户资金余额低于最低限额时，期货公司会通知账户所有人在下一个交易日开始前将保证金补足，如果在下一交易日开市前保证金未补足，期货公司将对该账户所有人的持仓实施部分或全部的强制平仓，直至留存的保证金符合规定的要求。除了保证金不足造成强行平仓外，还有当客户委托的经纪公司的持仓总量超出一定限量时，也会造成经纪公司被强行平仓，进而影响客户强行平仓的情形。

一旦被强制平仓，不仅是投资本金血本无归，而且完全没有“东山再起”的机会。而股票则不同，不论股价降到多么低，理论上都有上涨的一天。因此，在投资期货时，要时刻注意自己的资金状况，防止由于保证金不足，造成强行平仓，给自己带来重大损失。

经验证明，从事期货投资，应该遵循从小开始逐步升级的原则。首先，在入市之前，最好先做模拟演练，锻炼一下自己的能力。接着，就是入市操作，先进行小额买卖，一开始应该选择价格波幅不太大的商品入手，风险大的期货品种应在操作熟练了以后再做。

用支持价格保护落后产业

菲律宾是世界上最大的稻米进口国之一，每年大米消费总量的10％以上依靠进口来维持。多年来，由于菲律宾政府农业政策失衡，未充分顾及本国稻农的生产积极性，导致本国大米产量年年供不应求。2008年，菲律宾的大米进口量达到创纪录的230万吨，加上粮价短期内飙升，大量进口大米给本国财政带来了极大负担。

为此，菲律宾计划年拨款约合2亿美元投资国内稻米产业，用于改善灌溉设施、提高亩产量、扩大种植面积。尽管国际粮价逐渐下跌，菲律宾政府仍然维持面向本国农民的粮食最低收购价不变，以鼓励粮食尤其是稻米的生产。菲律宾农业部部长黄严辉说："我们也会尽量使本地稻米收购价维持在一个相对较高的水平，为稻农撑起一张抵御外部冲击的保护伞。"

事实上，由于稻米收购价较高，之前种植玉米等其他粮食作物的部分农民因种植稻米有利可图已改种稻米，这对历年稻米产量不足的菲律宾来说是一个利好消息。

支持价格又称最低限价，是政府为了扶植某一行业的发展而规定的该行业产品的最低价格。由于支持价格高于市场均衡价格，供给量肯定会大于需求量，产品出现过剩。为了防止价格下跌，政府就要收购剩余产品，因而支持价格政策的实施增加了政府财政支出。

支持价格的作用可以用农产品支持价格为例来说明。许多经济和自然条件较好的国家，由于农产品过剩，为了克服农业危机，往往采取农产品支持价格政策，以调动农民生产积极性，稳定农业生产。农产品支持价格一般采取两种形式：一种是缓冲库存法，即政府或其代理人按照某种平价收购全部农产品，在供大于求时增加库存或出口，在供小于求时减少库存，以平价买卖，从而使农产品价格稳定在某一水平上；另一种是稳定基金法，即政府按某种平价收购农产品，在供大于求时维持一定的价格水平，供小于求时使价格不至于过高，但不建立库存，不进行存货调节。在这种情况下，收购农产品的价格是稳定的，同样可以起到支持农业生产的作用。

美国根据平价率来确定支持价格。平价率是指农场主销售农产品所得收入与购买工业品支付的价格之间的比率关系。按平价率来调节农产品的支持价格。法国是建立政府、农场主、消费者代表组成的农产品市场管理组织来制定支持价格。

支持价格的运用对于经济发展的稳定和制止投机活动有着极其重要的意义。其作用：第一，稳定生产，减缓经济危机的冲击；第二，通过对不同产业产品制定不同的支持价格，可以调节产业结构，使之适应市场变动；第三，实行对农产品生产的支持价格政策，可以扩大农业投资，促进农业劳动生产率的提高。

限制价格的利弊

从2007年开始，国内的许多医院出现了人血白蛋白药品短缺的情况，有的医院已严重影响到临床抢救。为了救命，部分医院不得不违规默许病人家属自找门路购买。

人血白蛋白是从人血浆中提取的白蛋白制剂，用于临床急症，如失血或烧伤引起的休克、脑水肿及损伤引起的颅压升高、肝硬化及肾病引起的水肿或腹水。很多时候，人血白蛋白是救命药，为了保证病人用得起这种药，政府规定国产的人血白蛋白最高零售价为360元，进口产品可最高上浮5%。然而由于原料紧张，这个最高限价连生产企业的成本都难以保证，自然造成供不应求的局面。

限制价格是指政府为了限制某些生活必需品价格上涨而规定的这些商品的最高价格，限制价格低于市场均衡价格。由于无利可图，这种商品的供给量肯定小于需求量，产品供不应求。因而为了维持限制价格，政府就要实行配给制。

限制价格的影响可以利用住房的限制价格为例来说明。

第一，导致住房供给严重不足。在计划经济体制下，决定住房供给的并不是价格，而是国家计划。所以，住房不足的基本原因不能完全归咎于租金的高低。但应该指出，除了计划失误外，房租过低也是原因之一。由于房租过低，甚至比住房的维修费用还少，这就造成房产部门资金严重不足，建房困难。

第二，寻求活动、黑市和寻租。在房租受到严格管制，住房严重短缺的情况下，就会产生寻求活动和黑市。在我国公有单位住房中由各单位拥有的住房占绝大多数。在这种情况下，寻求活动就是想尽办法分到国家住房，这种想办法走门子就是一种寻求活动。这种寻求活动增加了住房的交易成本。黑市活动包括两方面：以极高的价格租用私人住房，以及个人把分配到的住房高价出租。除了寻求活动和黑市外，在租金受到严格限制，住房采取配给的情况下，必然产生寻租现象，这表现在掌握分配住房的人利用权力接受贿赂。

解决住房问题的出路，一是住房市场化。一方面通过有偿转让使公有住房私有化。另一方面开放对房租的限制，由住房市场的供求决定房租。二是创造住房市场化条件。我国实行住房市场化，由于职工收入水平低，工资中实际不包括买房支出以及住房的分配不公平等因素，造成严重困难。因而我们必须创造条件，推动住房市场化。

根据上述实例，对于限制价格的利弊可以概括如下。限制价格有利于社会平等的实现，有利于社会的安定。但这种政策长期实行会引起严重的不利后果。第一，价格水平低不利于刺激生产，从而会使产品长期短缺。第二，价格水平低不利于抑制需求，从而会在资源短缺的同时又造成严重的浪费。第三，限制价格之下实行的配给，会引起社会风尚败坏，产生寻求活动、黑市和寻租。因此，一般经济学家都反对长期采用限制价格政策，一般只在战争或自然灾害等特殊时期使用。

历经千年的对外贸易

1891 年，古斯塔斯·沃拉斯顿·弗兰克斯爵士赠给大英博物馆一只墨彩镀金盘。这只盘直径为 420 毫米，以蚀刻雕版画《西蒂斯在冥河浸泡婴儿阿基里斯》为蓝图制作，盘子背面所画的徽章属于贝利克郡桑代克和弗伦奇兰德的弗伦奇家族。而这只盘子的制作地，则是江西景德镇。

其实至迟始于唐代，我国就开始向国外出口瓷器。南宋时有三十个国家、地区与我国有瓷器贸易，最远的包括非洲的坦桑尼亚等国。明代，中国的青花瓷和青瓷很受欢迎，外销数量惊人。明末清初的八十年间，仅荷兰人贩运我国瓷器就达 1600 万件以上。在这些外销瓷中，不少是专为外销而特制的产品，其造型和图案纹饰有些是根据国外客户的要求设计的。可以说，在那时中国就是世界闻名的外贸大国了。

对外贸易也称“国外贸易”或“进出口贸易”，是指一个国家（地区）与另一个国家（地区）之间的商品和劳务交换。这种贸易由进口和出口两部分组成。对运进商品或劳务的国家（地区）来说，就是进口；对运出商品或劳务的国家（地区）来说，就是出口。这在奴隶社会和封建社会就开始产生和发展，到资本主义社会，发展更加迅速，其性质和作用由不同的社会制度决定。

对外贸易不仅把商品生产发展很高的国家互相联系起来，而且通过对外贸易使生产水平低的国家和地区也加入到交换领域中来，使作为一般等价物的货币深入到它们的经济生活中，使这些国家和民族的劳动产品日益具有商品和交换的性质，价值规律逐渐支配了它们的生产。随着各国的商品流通发展成为全世界的商品流通，作为世界货币的黄金和白银的职能增长了。黄金和白银除去具有货币一般购买职能之外，还被用来作为国际支付、国际结算与国际信用的手段。随着黄金、白银变成世界货币，产生了形成商品世界价格的可能性。世界价格的形成，表示价值规律的作用扩大到世界市场，为各国商品的生产和交换条件进行比较建立了基础，促进了世界生产和贸易的发展。

发展对外贸易，可以互通有无，调剂余缺，调节资源的优化配置；可以节约社会劳动，取得较好的经济效益；可以吸收和引进当代世界先进的科学技术成果，增强本国的经济实力；接受国际市场的竞争压力和挑战，可以促进国内企业不断更新技术，提高劳动生产率和国际化水平。通过对外贸易，参与国际分工，节约社会劳动，不但使各国的资源得到最充分的利用，而且还可以保证社会再生产顺利进行，加速社会扩大再生产的实现。

在国际贸易中，每个国家既是商人，也是消费者。但是有的国家卖出的商品比较多，有的国家买入的商品比较多，这就形成了贸易顺差和逆差。

在经济学中，贸易顺差是指在一定时期内，一个国家的商品出口总值大于进口总值，又称出超；贸易逆差则与之相反，是指一个国家的进口总值大于出口总值，又叫入超。如果出口总值与进口总值相当，则叫贸易平衡。在历史上，由于茶叶、陶瓷技术长期垄断在中国人手中，中国一直是巨大的贸易顺差国，欧洲国家在美洲掠夺的白银，有很大一部分都流入到中国。以至于后来英国不得不通过罪恶的鸦片贸易来减少贸易逆差。

在对外贸易中，顺差并不是越大越好。因为贸易顺差会带来外汇储备，一旦外汇贬值，就会造成经济损失。比如在我国现在因贸易顺差积累起来的外汇储备中，有着巨额的美元资产，而且其中很大一部分购买了美国国债。面对越来越强势的中美贸易顺差，美国要求人民币升值，而这就意味着美元贬值，势必会引起我国大量外汇储备的缩水。根据美国经济学家的估计，美元至少要贬值20％，最多可能贬值40％，试想，我国价值1.8万亿美元的巨额外汇储备原封不动，就要面临20％～40％的缩水，这将是巨大的损失。

要解决贸易顺差中存在的问题，根本办法是“实现国际收支的基本平衡”。对于我国的政策体制和发展战略而言，这将是一个巨大的调整。在出口方面，我国要改变“量多价低”、效益不高、国际摩擦加剧等一系列问题；在出口增长的形势下，要鼓励进口，特别是进口国内紧缺的能源、资源和技术，加强国际交流。

充足的外汇储备对于国家经济安全有着重要的作用，但是不能将其过于看重，它只是有利于经济稳定的一个因素，而根本还是国家经济体制的活力，尤其是企业和金融机构的活力。它们的实力越强大，国家经济就会越健康、安全，对外汇储备的依赖就会越小。从这一点讲，外汇储备并非“多多益善”；相反，削减过高的外汇储备存量是非常必要的。那么，如何利用好我国的外汇储备，使它保值、增值，同时实现财富扩张呢？

可以通过扩大资本设备和战略资源进口、对外直接投资等方式实现，包括国外能源的供应地、能源的供应线以及国外科技行业等。比如，美元大幅度贬值必然造成其国内产业、金融机构的价格下跌，我国可以借此机会收购他们的产业，来实现低成本扩张。还可以到非美元证券国家，如法国、德国、印度等地去投资。同时，我国可以购买国外的石油股份、矿产股份，从而掌握石油、矿产价格的话语权，这必将对我国经济产生巨大的保障和促进作用。伴随着这些策略的实施，我国长期的贸易顺差结构就会向国际收支基本平衡的结构转变，外汇储备也将向“追求适度规模、风险收益平衡”的良性状态发展。

比较优势理论

1815 年，英国政府为维护地主贵族阶级利益而修订实行了《谷物法》。《谷物法》颁布后，英国粮价上涨，地租猛增，它对地主贵族有利，而严重地损害了产业资产阶级的利益。昂贵的谷物，使工人货币工资被迫提高，成本增加，利润减少，削弱了工业品的竞争能力；同时，昂贵的谷物也扩大了英国各阶层的吃粮开支，而减少了对工业品的消费。《谷物法》还招致外国以高关税阻止英国工业品对它们的出口。为了废除《谷物法》，工业资产阶级采取了多种手段，鼓吹谷物自由贸易的好处。而地主贵族阶级则千方百计维护《谷物法》，认为，既然英国能够自己生产粮食，根本不需要从国外进口，反对在谷物上自由贸易。

“乔丹要不要自己剪草坪”，这是经济学中一个耳熟能详的问题。现在，人们基本对这个问题达成了共识，那就是：即使乔丹剪草坪比任何人都快、都好，也没必要自己做。同样，虽然英国自己可以生产粮食，但是进口粮食仍然是最好的选择。这就涉及经济学中的“比较优势”原则。

比较优势理论是在绝对成本理论的基础上发展起来的。根据比较优势原理，一国在两种商品生产上较之另一国均处于绝对劣势，但只要处于劣势的国家在两种商品生产上劣势的程度不同，处于优势的国家在两种商品生产上优势的程度不同，则处于劣势的国家在劣势较轻的商品生产方面具有比较优势，处于优势的国家则在优势较大的商品生产方面具有比较优势。两个国家分工专业化生产和出口其具有比较优势的商品，进口其处于比较劣势的商品，则两国都能从贸易中得到利益。这就是比较优势原理。也就是说，两国按比较优势参与国际贸易，通过“两利取重，两害取轻”，两国都可以提升福利水平。比如《谷物法》时期的英国，在纺织品生产上所占的优势比在粮食生产上优势还大。所以英国应专门发展纺织品生产，以其出口换取粮食，取得比较利益，提高商品生产数量。在这个理论影响下，《谷物法》被废除了。

但是，比较优势也存在较大的不足。首先，比较成本理论的分析方法属于静态分析。该理论认为世界是永恒的，是一个静态均衡的世界，是一个各国间、各经济集团间利益和谐一致的世界。最早提出了比较优势原理的英国经济学家大卫·李嘉图提出了九个假定作为其论述的前提条件：一是只考虑两个国家两种商品；二是坚持劳动价值论，以英葡两国的真实劳动成本差异建立比较成本说，假定所有的劳动都是同质；三是生产是在成本不变的情况下进行的；四是没有运输费用；五是包括劳动在内的生产要素都是充分就业的，它们在国内完全流动，在国际之间不能流动；六是生产要素市场和商品市场是完全竞争的市场；七是收入分配没有变化；八是贸易是按货物交换的方式进行；九是不存在技术进步和经济发展，国际经济是静态的。

其次，李嘉图解释了劳动生产率差异如何引起国际贸易，但没有进一步解释造成各国劳动生产率差异的原因。

最后，该理论的一条重要结论是各国根据比较优势原则，将进行完全的专业化生产。现实中，难以找到一个国家在国际贸易中进行完全的专业化生产。一般来说，各国多会生产一些与进口商品相替代的产品。

发展中国家劳动密集型产品因其工资低而劳动力成本较低，但发达国家面对国内充分就业的压力，会以各种壁垒阻碍廉价的劳动密集型产品进入。从而造成在劳动密集型产品和技术密集型产品的贸易中，以劳动密集型和自然资源密集型产品出口为主的国家总是处于不利地位，出现“比较利益陷阱”。

损人利己的贸易补贴

齐达尔生活在英格兰东部，种植甜菜是他主要生计来源。每年30公顷甜菜的收成，能为他带来3.4万英镑的收入。种植甜菜为何如此赚钱？原因之一是欧盟每年向糖种植业提供高达数以10亿计欧元的补贴，令农民争相改种甜菜。如此一来，甜菜的供应便远远超出欧洲市场所需，大量甜菜就以低廉的价钱流入国际市场。

这时，比拉正在莫桑比克的甘蔗园收割甘蔗，他每天工作10小时，收入大约1英镑，不过一年只工作6个月。他没听说过欧盟农业补贴，更不知道欧洲农民的收入是他的数百倍，他只知道家里的四个小孩都没有钱上学和看医生。

甘蔗种植业是莫桑比克人赖以为生的行业。但莫桑比克出产的蔗糖却饱受欧洲糖倾销的冲击。而欧盟又限制莫桑比克的蔗糖进口，估计一年就令该国损失逾1亿欧元的收入。

贸易补贴是指一个国家的政府或者公共机构，采用直接或者间接的方式向本国出口企业提供现金补贴，或者提供财政上的优惠。此举有利于提高出口企业在国际贸易中的竞争力。但是，从另一个角度看，贸易补贴又会使外国同类企业受到不利影响，容易导致不公平贸易竞争。正是由于这个原因，在国际贸易中，关于贸易补贴的争执从来就没有停止过。

美国是世界第一经济大国，其产业结构和核心竞争力都处于优势地位。美国的农业非常发达，其农业劳动力在美国总就业人数中所占比重不到3%，但是，就是这些农民，不仅可以养活美国3亿人，还使美国成为世界上最大的农产品出口国。在国际市场上，美国的小麦、大豆和玉米占有率分别高达45%、34%和21%以上。而这种强劲的出口势头除了与美国的农业体制、科技进步有关外，还有一个至关重要的原因，就是美国政府长期以来实施的农业补贴政策。

美国农民，无论在地里种什么，几乎都不用担心将来卖不出去，也不用担心旱涝灾害会造成减产绝收，因为在他们背后，有美国的农业补贴。作为一个高度发达的工业国家，美国政府长期对农业提供补贴。据统计，美国每年的农业补贴约为400亿美元。这个数字细化一下，就是平均每100美元的农业产值中，农业补贴就有20～30美元。而且，形式繁多，种类各异，每个农户平均每年能从政府那里得到1万多美元的补贴。美国农业补贴条款的适用范围也很广泛，几乎覆盖了所有大宗农产品。美国农业部的统计表明，2001年，美国的农业直接补贴已占到农场农业总收入的11%，占农场农业净收入的42%。

高额的农业补贴使得美国农产品在国际市场上具有显著价格优势。举例说明，在2000年，美国对小麦的直接补贴为每吨45美元（按当时汇率计算，相当于人民币370元），对玉米的直接补贴为每吨27美元（折合人民币220元）。这意味着什么呢？在国际市场上，当小麦不太好卖的时候，美国的农民就可以将每吨小麦降价370元，每吨玉米降价 220 元，这个降价带来的损失是由美国政府承担的，农民大可不用担心。但是，对于那些国力较弱，无力提供补贴的发展中国家则极为不公，因为它们的农民无法与美国进行价格战，从而导致农产品卖不出去，它们的利益因此会受到严重损害。

目前，反补贴同反倾销一样，已经成为当前国际贸易中的突出问题。农业补贴使发达国家的农场主得益，使发展中国家的大量农民遭受损失。

仗势欺人的倾销政策

20 世纪初，西方国家向我国大量倾销商品，致使农民濒临破产。作家叶圣陶的小说《多收了三五斗》就生动地描写了这一历史场景。

虽然一亩田可以多收三五斗，但是“各处地方多的是洋米、洋面，头几批还没吃完，外洋大轮船又有几批运来了”，结果米价从十五元跌到五元，“去年是水灾，收成不好，亏本。今年算是好年时，收成好，还是亏本”。

另一方面，农民又要购买生活必需品。这些进口的“洋火”、“洋油”、“洋镜”，还有花花绿绿的“花洋布”，又把农民到手的钱赚了回去。

在国际贸易中，倾销是一种价格歧视，是指一国将产品以低于正常价格的办法挤入另一国市场竞销。即出口厂商在国际市场上，以低于正常价格销售商品，对进口国的某些工业造成重大损害或重大威胁，是一种不正当的贸易行为，其目的在于夺取市场，给进口国相同或类似产品的生产者带来损害。按照倾销进行的方式分类，主要有商品倾销、外汇倾销等形式。

倾销的动机和目的是多种多样的，有的是为了销售过剩产品，有的是为了争夺国外市场，扩大出口，但只要对进口国某一工业的建立和发展造成实质性损害、实质性威胁或实质性阻碍，就会招致反倾销措施的惩罚。

倾销是一种不公平竞争行为。在政府奖励出口的政策下，生产者为获得政府出口补贴，以低廉价格销售产品；同时，生产者将产品以倾销的价格在国外市场销售，从而获得在另一国市场的竞争优势并进而消灭竞争对手，再提高价格以获取垄断高额利润。倾销的结果往往给进口方的经济或生产者的利益造成损害，特别是掠夺性倾销扰乱了进口方的市场秩序，给进口方经济带来毁灭性打击。

一般来说生产厂商能够实施倾销，必须具备三个条件：第一，必须是不完全竞争的行业，具有垄断力量的厂商是市场价格的制订者而非市场价格的接受者；第二，本国和外国必须被很好地分隔，使国内居民不能轻易回购出口产品；第三，出口厂商在国内面临的需求弹性较国外的小。只有具备了这些条件，垄断厂商实施倾销才有利可图。

由于倾销实施低价策略，虽然可以扩大出口，但是存在利润下降和亏损风险。因此，倾销必须有政府强有力的支持，例如，出口国政府高筑关税和非关税壁垒控制外国商品进入以维持国内垄断高价，弥补出口损失，防止出口商品倒流。出口国政府负担出口亏损，对内高价收购，对外低价倾销。出口商在挤垮竞争对手、垄断国外市场后抬高价格以弥补倾销阶段的损失。

如果遭受来自他国产品的倾销，进口国主管当局会实行反倾销措施，根据受到损害的国内工业的申诉，按照一定的法律程序对以低于正常价值的价格在进口国进行销售的、并对进口国生产相似产品的产业造成法定损害的外国产品，进行立案、调查和处理的过程和措施，一般是对进口产品征收反倾销税，这是 WTO 所承认的用以抵制不公平国际贸易行为的一种措施。作为 WTO 一揽子文件之一的《关于执行 1994 年关贸总协定第六条的协议》对反倾销调查程序做了详细的规定。根据 WTO 的有关原则，凡成员方制定反倾销法律或者采取反倾销调查行动，都必须与该文件保持一致。

为了制止倾销而采取反倾销措施是合理的，但如果反倾销措施的实施超过了其合理程度，会成为一种贸易保护主义措施，从而对国际贸易的扩展造成阻碍性影响，阻碍正常进口贸易的进行。

神奇的“巨无霸汉堡”指数

从 1986 年开始，伦敦《经济学家》(Economist) 杂志每年都要发布“巨无霸汉堡”指数。顾名思义，这个指数选取了麦当劳连锁店中的巨无霸汉堡作为参照物，并假设它在全球所有地区的售价一样，由此来决定各国货币比价。比如，根据 2003 年 4 月发布的指数表，在美国一个汉堡要 2.71 美元，在加拿大则要 3.2 加元，两者的购买力平价汇率为 1.18 加元兑换 1 美元。而 4 月 22 日外汇市场上的真实汇价是 1.45 加元兑换 1 美元，因此加元被低估了 18%。

1999 年，巨无霸汉堡指数表明欧元在刚刚发行之时就已经被高估了，而当时几乎所有的经济学家都认为欧元会升值。“金融大鳄”索罗斯的基金管理公司也曾关注过巨无霸汉堡指数显示的欧元卖出信号，后来却决定忽略这项信息。不久人们就发现巨无霸汉堡指数押对了宝。2002 年 4 月，巨无霸汉堡指数发出了卖出欧元的强烈信号，因为它被严重高估了。此后欧元上下跳动，最后以下跌 12%收场。

一个小小的巨无霸汉堡，为什么能反映复杂的世界经济呢？要研究这个问题，首先我们必须了解什么是汇率。汇率是一国货币兑换另一国货币的比率，以一种货币表示另一种货币的价格。由于世界各国货币的名称不同，币值不一，所以一国货币对其他国家的货币要规定一个兑换率。

汇率是国际贸易中最重要的调节杠杆。因为一个国家生产的商品都是按本国货币来计算成本的，要拿到国际市场上竞争，其商品成本一定会与汇率相关。汇率的高低也就直接影响该商品在国际市场上的成本和价格，直接影响商品的国际竞争力。

各国货币之所以可以进行对比，能够形成相互比价关系，原因在于它们都代表着一定的价值量，这是汇率的决定基础。在金本位制度下，黄金为本位货币。两个实行金本位制度国家的货币单位可以根据它们各自的含金量多少来确定它们之间的比价，即汇率。如在实行金本位制度时，英国规定1英镑的重量为123.27447格令（英制重量单位，1格令约等于0.65克），成色为22开金，即含金量113.0016格令纯金；美国规定1美元的重量为25.8格令，成色为千分之九百，即含金量23.22格令纯金。根据两种货币的含金量对比，1英镑等于4.8665美元，汇率就以此为基础上下波动。

从短期来看，一国的汇率由对该国货币兑换外币的需求和供给决定。外国人购买本国商品、在本国投资以及利用本国货币进行投资会影响本国需求倾向。本国居民想购买外国产品、向外国投资以及外汇投资影响本国货币供给。

从长期来看，汇率主要取决于商品在本国的价格与在外国价格的对比关系。以一种商品为例，如果1单位商品在美国生产需要5美元，在中国生产需要50元人民币，则就这单位商品而言，美元与人民币的汇率就是5∶50，即1美元兑换10元人民币。汇率则是所有进出口商品本国价格与外国价格的比。在长期中，影响汇率的主要因素有相对价格水平、关税和限额、对本国商品相对于外国商品的偏好以及生产率。

汇率变动被视为一种国际竞争与扩张的手段：货币贬值可以达到扩大对外销售的目的，货币高估可以实现对外掠夺的目的，因此汇率的频繁波动可以加大发达国家与发展中国家的矛盾。

为什么经济学家会用巨无霸汉堡来预测汇率走势呢？因为这种食品的独一无二性：消费者可以在全世界大多数国家买到它，而且成分和口味几乎不变。经济学家根据这一特性就能预测汇率市场的变动，这种理论称为购买力平价理论。

购买力平价是根据各国不同的价格水平计算出来的货币之间的等值系数，使我们能够对各国的货币进行合理比较，这种理论汇率与实际可能有很大的差距。该理论指出，在对外贸易平衡的情况下，两国之间的汇率将会趋向于靠拢购买力平价。

购买力平价理论的基本假设是，一美元在任何一个国家都应该买到相同质量和数量的商品，或者说同质同量的商品在世界各地的价格应当是相等的，这就是经济学中著名的“一价定律”。

购买力平价能够用于比较不同国家的生活水平，可以纠正现行的以汇率比较各国人民生活水平所产生误导。例如，如果墨西哥比索相对于美元贬值一半，那么以美元为单位的国内生产总值也将减半。可是，这并不表明墨西哥人变穷了。如果以比索为单位的收入和价格水平保持不变，而且进口货物对墨西哥人的生活水平并不重要（因为这样进口货物的价格将会翻倍），那么货币贬值并不会带来墨西哥人生活质量的恶化。如果采用购买力平价就可以避免这个问题。

但是，人们消费的商品成千上万，又怎么能以一个汉堡的价格来确定两个经济大国之间的汇率水平呢？为了避免单一商品的统计偏差，一些经济学家试图使用一揽子商品的综合价格指数来验证购买力平价理论。然而每个国家人们消费的商品种类都不一样，即使各国人民都消费同样的商品，他们使用的数量也可能很不一样，这样计算价格指数所需要的商品权重就会有相当的差异。

所以说购买力平价在统计学上具有欺骗性——例如可以通过精心选择所用的商品获得对某国有利或者不利的结果。但是如果不考虑影响汇率波动的各种短期因素，从长期来看，汇率的走势与购买力平价的趋势基本上是一致的。因此，购买力平价为长期汇率走势的预测提供了一个较好的方法。

第四章 透过商品看世界

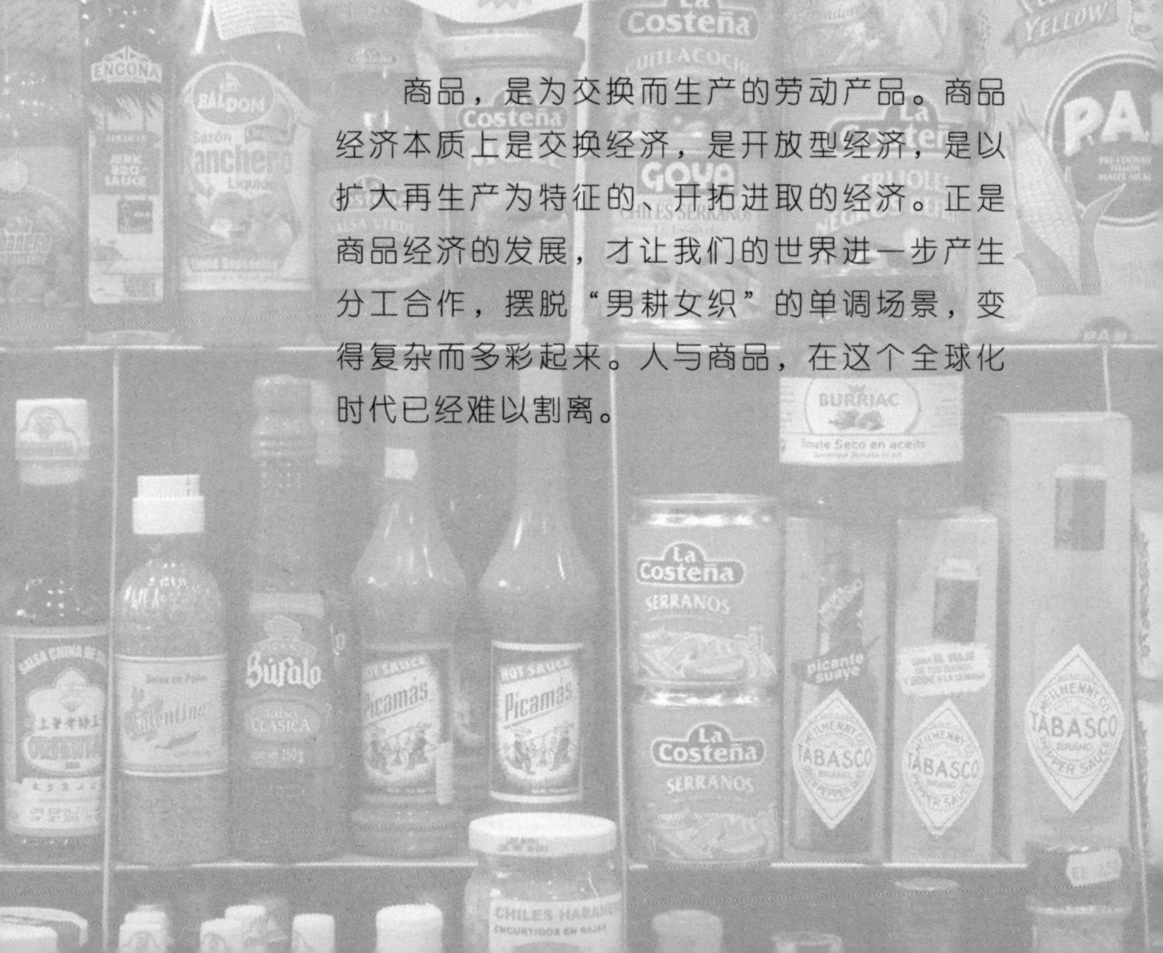

商品，是为交换而生产的劳动产品。商品经济本质上是交换经济，是开放型经济，是以扩大再生产为特征的、开拓进取的经济。正是商品经济的发展，才让我们的世界进一步产生分工合作，摆脱“男耕女织”的单调场景，变得复杂而多彩起来。人与商品，在这个全球化时代已经难以割离。

越贵越好卖的吉芬商品

1845年，爱尔兰爆发了历史上最严重的饥荒。这次持续到1852年的饥荒导致100多万人丧命，100万人逃离家园移民国外。1/8人口的丧失深刻改写了爱尔兰的历史。

当时，拥有800万人口的爱尔兰还是英国的一部分，经济上以农业为主。大批爱尔兰人失去了自己的土地，只能成为英国地主的佃农。为了生计，近半数爱尔兰农民不得不在农闲之余种植马铃薯以填饱肚子。

马铃薯最初是作为园艺植物引进爱尔兰的高产农作物，一英亩土地产出的马铃薯足以满足一个贫困的六口之家一年的口粮需求。到了1845年，马铃薯在爱尔兰的种植面积已达两百万英亩，不但喂饱了农民和牲畜，让爱尔兰人口从1780年的400万人猛增至1845年的800万人，还让地主得以在余下的土地上种植高价的谷物，然后出口到国外。很多爱尔兰家庭只有一口锅，马铃薯煮熟之后，把锅子翻过来就成了桌子。许多主妇甚至都不知道如何烹饪马铃薯之外的食物。1845年9月，爱尔兰的马铃薯开始大规模枯萎，造成很多人口粮短缺。第二年夏天，凉爽湿润的天气助长了诱发马铃薯枯萎病病菌的传播，最快时病菌以高达每周50英里的速度在爱尔兰境内的种植园间扩散。马铃薯产量的急剧降低，价格暴涨，致使爱尔兰境内饿殍遍野。

令当时的经济学家困惑的是，爱尔兰国内的马铃薯价格一路走高，销售量也不停上涨。这与古典经济学理论背道而驰。按照经济学的一般规律，价格上涨的商品需求量就会下降，比如灾荒期间，肉和奶酪的价格也在暴涨，但销量越来越少，只有马铃薯一反常态。

英国经济学家罗伯特·吉芬研究了这个现象。原来爱尔兰人为了生存，被迫大大减少了对肉和奶酪的消费，而把节约下来的钱花在相对便宜的马铃薯上，同时还要食用更多的马铃薯以维持基本的营养需要。这就造成了同样是价格上涨，但是肉和奶酪销量下降，马铃薯销量上升的现象。自此以后，人们就把这种价格上涨反而使得销量增加的商品称为“吉芬商品”。

经济学中，一种商品价格的变化会引起该商品需求量的变化，这种变化可以被分解为收入效应和替代效应两个部分。

收入效应是指由商品的价格变动所引起的实际收入水平变动，进而由实际收入水平变动所引起的商品需求量的变动。替代效应是指由商品价格变动而引起的商品的相对价格变动，从而导致消费者在保持效用不变的条件下，对商品需求量的改变。

一种商品价格下降是否导致消费者选择该商品数量的增加，取决于价格下降产生的替代效应和收入效应的符号和大小。正常商品价格下降的替代效应和收入效应都使得该商品需求量增加，所以，总效应与价格呈反方向变动。低档商品价格下降的替代效应使商品需求量增加，收入效应却使得商品需求量下降，但是收入效应的作用小于替代效应的作用，所以，总效应与价格呈反方向变动。

而对于“吉芬商品”来说，价格下降的替代效应使商品需求量增加，收入效应使商品需求量下降，但是收入效应的作用大于替代效应的作用，所以，总效应与价格成正方向变动。

生活中的“吉芬商品”并不少见，例如当某一种股票持续上涨时，经常看到的局面便是人们争相抢购这种股票，以便能够赶上“牛市”多赚一笔。相反，当一种股票的价格持续下跌的时候，购买它的人反而会明显减少，而拥有它的人也都希望尽快抛出，以便避开“熊市”。

日常生活中还有一种所谓的“雨伞现象”。刚下车的乘客突然遇到大雨，早有准备的小贩趁机推销自己的雨伞，而且价格明显超出平时。价格虽然上涨了，雨伞却卖得很不错。

那么，“吉芬商品”是不是违反一般的商品需求定律呢？需求定律是“在其他条件不变时，需求价格与需求量呈反向变动关系”。这里需要指出它的前提，即“其他条件不变”。这个不变涵盖了关于需求的许多概念，如“需求弹性”和“供给弹性”。以上述“雨伞的需求量上升”为例，雨伞销量的上升，关键原因不是价格上涨，而是由于天空突降大雨，即“需求定律”的“其他条件”已经发生变化了。这时需求弹性急剧降低，对价格已经不再敏感。在这种情况下，只要价格还不是高得离谱，人们就会购买。试想如果雨并不是很大，人们可以赶到商店再去购买的话，小贩们的高价雨伞就无人问津了。这一道理对于爱尔兰的饥民同样适用。马铃薯价格上涨而需求量反而上升，是因为人们收入所限只能去选择马铃薯。同时，在饥荒的压迫下，他们预期价格还会再涨，于是就去抢购。从这一点上说，“吉芬商品”并没有推翻需求定律，只是“吉芬商品”总是与经济不景气联系在一起，仿佛一对连体双胞胎，如影随形。

消费意愿与需求

19世纪之前，中国在国际贸易中一直处于出超的地位，茶叶、生丝和瓷器吞噬着西方的白银，而以英国为首的西方却没有什么商品可以出口到中国。直到鸦片贸易的兴盛，中英之间的贸易才略微平衡了一些，以致在中国决心禁烟之后，英国不惜发动战争相威胁。

英国纺织业非常发达，1827年以前，英国商人多次在广州试售英产印花布、剪绒及天鹅绒，亏本达60%以上。而英国纺织品商人认为这是中国市场开放程度不够所导致的现象。因此在英国国内讨论是否对中国宣战的时候，英国纺织业城市曼彻斯特的39家纺织公司就联合致函英国外交大臣帕麦斯顿，“希望政府能利用这个机会，将对华贸易置于安全的、稳固的、永久的基础之上”。

鸦片战争后，中国的大门终于被坚船利炮打开，资本家们面对中国庞大的市场欣喜若狂。曼彻斯特的一位工厂主曾浪漫地设想：“如果每个中国人买一顶睡帽，我们的工厂得忙上数十年！”然而事实却打破了他的美梦。鸦片战争后，虽然中国国门洞开，关税下降，但英国纺织业并没能在中国捞到油水。在1845至1855年的十年间，英国输华的棉纱由260万磅上升到290万磅，增加不过10%，而棉布反而由310万匹下降到200万匹，减少30%以上。英方认为，唯一的解决办法是获得更多的租界。曼彻斯特商会当时声称：“我们同中国的贸易直到买卖权扩展到我们现在所局限的港口以外的地方，才能得到充分发展。”

只有一个叫米契尔的英国人了解问题的关键。他在考察中国市场时看到了这样的情形：“在收获完毕后，农家所有的人手不分老少，都一起去梳棉、纺纱和织布。这个国家九成的人都穿这种手织的衣料，其质地各不相同，从最粗的粗棉布到最细的本色布都有。生产者所用的成本简直只有原料的价值。”按当时中国人的购买能力，还是有相当一部分人可以消费得起洋布的，为什么英国人的洋布卖不出去呢？关键在于中国人没有购买洋布的欲望：普通人更喜欢价格便宜的土织布，而有钱人则穿戴更为华贵的丝绸。

经济学认为，构成需求的两个因素是购买意愿与购买能力，两者缺一都不能成为需求。英国人失算的原因在于不了解中国国情，没有考虑到中国人的购买意愿。

有个小故事解释了购买意愿这个概念。有个渔翁在钓鱼，但奇怪的是，每逢钓到大鱼，渔翁就会把它放回水中，只有小鱼才放到鱼篓里。在旁边观看他垂钓的人迷惑不解，问道："你为什么要放掉大鱼，而留下小鱼呢?"渔翁回答说："我只有一个小锅，怎么能煮得下大鱼呢?"购买意愿就是"锅"，需求就是"鱼"，没有足够大的"锅"，大"鱼"就没有市场。

购买意愿本质上源于消费者对对商品使用价值的需求，但主观感受对购买意愿的影响也非常大，体现在消费者对商品审美、时代性和社会象征性的需求。

对于消费者来说，所购买的商品既要有实用性，同时也应有审美价值。人们对消费对象审美的要求主要表现在商品的工艺设计、造型、式样、色彩、装潢、风格等方面。人们在对商品质量重视的同时，总是希望该商品还具有漂亮的外观、和谐的色调等一系列符合审美情趣的特点。

人们追求消费的时代性就是不断感觉到社会环境的变化，从而调整其消费观念和行为，以适应时代变化的过程。这一要求在消费活动中主要表现为：要求商品趋时、富于变化、新颖、奇特、能反映当代的最新思想。总之，要求商品富有时代气息。

所谓商品的社会象征性，是人们赋予商品一定的社会意义，使得购买、拥有某种商品的消费者得到某种心理上的满足。例如，有的人想通过某种消费活动表明他的社会地位和身份，有的人想通过所拥有的商品提高在社会上的知名度，等等。

购买意愿取决于消费者个人的偏好，偏好又取决于物质与精神需要、文化修养、社会地位等因素。但消费者作为社会的人，其偏好与社会消费习俗密切相关。消费习俗作为社会习俗的一部分取决于一个社会的文化传统与经济发展水平。鸦片战争后的中国仍然是自给自足的封建国家，并在此基础上形成了保守、封闭的社会习俗，对外国的东西持强烈的抵制态度。就像渔夫一样，小锅装小鱼已经成了约定俗成的事情，见到大鱼后，尽管他也知道大鱼肉更多，可他还是排斥它，而不是考虑用什么好方法来对待这些大鱼使自己获利。鸦片战争打开了中国的大门，但并没有从根本上动摇中国自给自足的经济基础和保守封闭的意识形态。这样，洋布和其他洋货在中国受到抵制是很正常的。而有些英国商人更加“愚蠢”，他们尝试向中国出口钢琴和吃饭用的刀叉。可以想象，这些商人最终都赔得血本无归。

当然，消费习俗和消费偏好是可以改变的。企业可以通过多种方法影响消费习俗和消费者偏好，创造出消费者的购买意愿。尤其是当商品价格下降到一定程度时，消费者自然愿意购买实际上更为便宜的进口商品。事实上，随着英国纺织业的不断发展，机器生产的棉布越来越便宜，最终挤垮了中国的土布，占据了绝大多数纺织品市场。而钢琴和刀叉，也随着中国人对西方文化的逐渐熟悉和接受，成为了有利可图的奢侈商品。

难以捉摸的消费偏好

1980 年 7 月 1 日，波兰格但斯克市列宁造船厂的工人发动大罢工，抗议政府提高肉类价格。波兰人以肉类、马铃薯和奶油为主食，1980 年，波兰人均肉食消费已经达到 55 千克。但是由于农业歉收，饲料粮不足，结果造成肉类短缺。

实际上，如果减少肉食，增加淀粉类食物，并不会出现饥荒。但是波兰人不这么想，他们还是用有限的粮食去饲养牲畜，然后排上很长时间的队才能买上两根香肠。对肉食的偏好，使得波兰的所有食物价格都在不断上升。

经济学家可以计算出消费者的需求和预期，但是他们很难准确地了解消费者的偏好。消费偏好是指消费者对于所购买或消费的商品和劳务的爱好胜过其他商品或劳务，又称“消费者嗜好”。它是对商品或劳务优劣的主观的感觉。偏好受文化、经济、社会等多种因素影响。偏好的重要性质是偏好的有序化，即消费者对于商品的偏好程度是有顺序的，偏好的有序化符合偏好公理中的行为公理。

消费价值观是消费群体对消费对象整体的评价或价值取向，是消费者心理结构的核心。它反映消费主体所处的文化环境和文化传统对其心理的影响，这种作用集中体现在消费者对商品的使用价值、社会价值和文化价值的评价上，同时也规定着消费行为的基本特点。不同国家、民族和地区的消费者由于所处的文化背景不一样，导致了他们价值评估和取向的差异，形成了不同的消费行为。这说明消费价值观念是和各民族的传统价值文化紧密联系在一起的。消费者对所购商品的享用，一方面是为了获取它的使用价值，另一方面是为了追求商品的文化价值，只有当企业提供的商品蕴涵的价值取向与消费者的价值取向产生共鸣时，消费者才会认同这种取向而购买。

消费审美取向是指人们对消费对象的欣赏和情趣的感受，是文化环境与人的心理交互作用的衍生物。文化的民族性和国度性在消费者的审美取向上都有深刻的反映，这造成消费者的审美消费行为具有文化的选择性。研究发现，同种文化中消费者的审美标准和审美情趣具有高度的趋同特征，它作为一种消费需求反映在市场活动中构成了同质市场。从这个意义上说，文化因素对消费者审美取向的制约和选择是我们区分市场性质的隐性标准之一，忽视了这一点，就缺乏对市场的深刻考察，必然对营销活动产生不利的影响。

长期生活在一种文化中的人们，在性格形成过程中必定会打上文化的烙印。文化对人性格的制约，一是规范人们基本生活态度和基本观点，二是调控人们行为的基本倾向。最能反映文化对性格形成作用的、在大多数民族成员身上都体现出来的典型特征构成了民族性格。不同的文化形成不同的民族性格，不同的民族性格造成了消费行为倾向的差别。

由于自然环境、物质生活条件、经济发展水平和历史的不同，不同国家和民族都有自己独特的、习惯化的生活方式，在生活的各个方面都形成了一些有别于其他国家和民族的传统风俗习惯，这些民风民俗等文化因素会对消费者的心理和行为产生很大影响。让波兰人改变偏好肉食的习惯，几乎是不可能的。

节俭是不是美德

在国际金融危机的背景下，2008 年 11 月 5 日，国务院召开常务会议，研究部署进一步扩大内需促进经济平稳较快增长的措施。

会议认为，世界经济金融危机日趋严峻，为抵御国际经济环境对我国的不利影响，必须采取灵活审慎的宏观经济政策，以应对复杂多变的形势。当前要实行积极的财政政策和适度宽松的货币政策，出台扩大国内需求更加有力的措施，加快民生工程、基础设施、生态环境建设和灾后重建，提高城乡居民特别是低收入群体的收入水平，促进经济平稳较快增长。

会议确定了当前进一步扩大内需、促进经济增长的十项措施：一是加快建设保障性安居工程；二是加快农村基础设施建设；三是加快铁路、公路和机场等重大基础设施建设；四是加快医疗卫生、文化教育事业发展；五是加强生态环境建设；六是加快自主创新和结构调整；七是加快地震灾区灾后重建各项工作；八是提高城乡居民收入；九是在全国所有地区、所有行业全面实施增值税转型改革，鼓励企业技术改造，减轻企业负担1200亿元；十是加大金融对经济增长的支持力度。

评论认为，国务院推出的这十项重要措施，能够进一步扩大内需，促进经济平稳较快增长。这十项措施，明确具体，突出重点，统筹城乡，支持发展，改善民生，惠及百姓。在经济形势复杂多变的情况下，采取一系列扩大内需的措施，促进经济平稳较快发展，这是中国应对当前国际金融危机最重要、最有效的手段，也是对世界最大的贡献。

一般来说，中国人是倾向于勤俭持家的。中国人认为节俭是一种美德，是个人积累财富最常用的方式，如果某个家庭能勤俭持家，减少消费，增加储蓄，那么这个家庭往往可以致富。然而在金融危机中，我们却不能太“节俭”，而要适当增加消费，才能让经济正常运行。如果大家挣了钱都不花，经济就会崩溃。这在经济学叫“节俭悖论”。

1720年，荷兰作家伯纳德·曼德维尔出版了《蜜蜂的寓言，或私人的恶行，公共的利益》。他把人类社会比喻为一个蜂巢，虚荣、伪善、享乐等恶德在每只蜜蜂身上表露无遗。令人惊异的是，当蜜蜂在疯狂追逐自己的利益时，整个蜂巢呈现出一派繁荣的景象。后来，邪恶的蜜蜂突然觉悟了，向天神要求让他们变得善良、正直、诚实起来。天神答应了它们的请求，然而，结果却出乎预料，整个蜂群很快地衰败下去，从此一蹶不振。

《蜜蜂的寓言》这本书招致了潮水般的批评，英国一个地方法院甚至做出判决，判定此书是“在扰乱社会秩序”，然而经济学家却从中看到了刺激消费和增加总需求对经济发展的积极作用。

根据凯恩斯的总需求决定国民收入的理论，节俭对于经济增长并没有什么好处。实际上，这里蕴涵着一个矛盾：公众越节俭，降低消费，增加储蓄，会导致社会收入越少。因为，人们的收入通常有两种用途，消费和储蓄。而消费与储蓄呈反方向变动，即消费增加储蓄就会减少，消费减少储蓄就会增加。所以，储蓄与国民收入呈现反方向变动，储蓄增加国民收入就减少，储蓄减少国民收入就增加。根据这种看法，增加消费减少储蓄会通过增加总需求而引起国民收入增加，就会促进经济繁荣，反之就会导致经济萧条。

由此可以得出一个蕴涵逻辑矛盾的推论：节制消费增加储蓄会增加个人财富，对个人是件好事，但由于会减少国民收入引起萧条，对整个国民经济发展却是件坏事。

节俭悖论告诉我们：节俭减少了支出，迫使厂家削减产量，解雇工人，从而减少了收入，最终减少了储蓄。储蓄为个人致富铺平了道路，然而如果整个国家加大储蓄，将使整个社会陷入萧条和贫困。也就是说，在资源没有得到充分运用、经济没有达到潜在产出的情况下，只有社会每个成员都尽可能多地消费，整个经济才能走出低谷。

解决节俭悖论的这一现实存在于经济是否处于萧条水平这一问题之中。如果社会已达到充分就业状态，而资源又很紧缺甚至存在通货膨胀缺口，那么节俭就能抑制总需求过高，并有助于消除通货膨胀。在这样的情况下，节俭还是应该大力提倡的。也就是说，节俭悖论的存在，是有它的社会经济发展的特定条件的，并不是说任何时候都如此。

在现实生活中提倡理性消费和节俭悖论并不矛盾。尽管目前人们的生活方式总体已开始由节俭型转向消费型，人们对生活质量与生命质量的意识显著增强，可是提倡建立节约型社会依旧具有积极的现实意义。

在经济学中，对单独个人有益的事情不一定就对全体有益；在有些情况下，社会成员个人的精明可以是整个社会的愚笨。节俭是中华民族的传统美德，但并不是不去消费，而是不去奢侈地浪费。我们要大力提倡理性消费，也要理直气壮地反对盲目消费。

为了面子的消费

2005年秋季，一个专为俄罗斯富人举办的“百万富翁展销会”在莫斯科开幕，展览会中的商品价格贵得惊人，一瓶香水3.5万欧元，一部手机140万欧元。预计，展销会将吸引4万名俄罗斯富翁光临，并总计狂花50亿欧元来购买这些奢侈品。

在展览会上，一部号称“世界上最昂贵的手机”吸引了所有人的眼球，它由瑞士Goldvish公司制造，售价高达140万欧元。据悉，这部手机机身由140克白金铸成，每个按键都镶有一颗名贵钻石，总重量达100克拉。即使是手机背面也尊贵至极，覆盖有一块手感超滑的鳄鱼皮。迄今，这种钻石手机在全世界只卖出过1部。

“富翁展销会”在俄罗斯引发巨大的争议。据悉，俄罗斯目前仍有25%的人生活在贫困线下，许多人都认为，这个展销会简直是“愚蠢的炫耀财富行为”。

很多时候我们买一样东西，看中的并不完全是它的使用价值，而是希望通过它显示自己的财富、地位或者其他，所以，有些东西往往是越贵越有人追捧，比如一辆高档轿车、一部昂贵的手机、一栋超大的房子、一场高尔夫球、一顿天价年夜饭……制度经济学派的开山鼻祖凡勃伦称为“炫耀性消费”。

凡勃伦还认为，个人对虚荣效用的追求总是导致社会浪费，因为一个人从炫耀性商品中所得的虚荣效用正是另一人所失去的效用，因而一切用于追求虚荣效用的资源都被浪费性地消耗了。在炫耀性消费里消费者能够从消费炫耀性商品中得到虚荣效用，但这种虚荣效用并不能带给消费者任何物质上的满足，它实质上造成了商品相对价格及资源配置的扭曲，从而导致社会效率的损失。

按照凡勃伦物品的定律，如果价格下跌，炫耀性消费的效用就降低，这种物品的需求量就会减少。对于一位凡勃伦物品的崇拜者，同样是这部20万元的手机，如果现在1万元卖给他，他也许根本不会瞧一眼，同样是一顿20万元的年夜饭，如果现在免费请他品尝，大概也会拒绝。因为这些物品里只剩下实际使用效用，不再有炫耀性消费效用。

自我消费的炫耀性是通过对财产的浪费来显示其对财产的占有的。在《金钱的爱好准则》中，凡勃伦说明，在财产私有制度下，由于金钱财富成为区别荣耀和博得尊敬的基础，它也就成为评价一切实物的标准，无论是宗教、美感、实用性，还是对物质的占有，都以显示金钱为目的。在《服装是金钱文化的一种表现》中，描述了人们在服装上的争奇斗胜和极其奢侈，说明他们如何借此夸耀自己的财富，表现自己的浪费性消费。

炫耀并非缺点，它对我们这个社会有着建设性功能：通过炫耀，财富获得不断积累的动力，一个人对财富拥有的满足才能折射到另外一个人的梦想中，并转化为一群人追求财富的动力。

劫贫济富的马太效应

始于2007年的一场金融海啸让众多富豪“一夜回到解放前”，可时至今日，美国的贫富差距又创下了历史新高。

皮尤研究中心最新公布调查显示，截至2013年的美国财富差距进一步拉大，中等收入家庭（96500美元）与高等收入家庭（639400美元）差距加大至纪录新高，创下1983年开始收集数据以来的30年新高，贫富差距从2007年危机时的4.4倍升到了6.6倍。

也正是在这种背景下，以讨论“不平等”为主题的《21世纪资本论》一书从去年便在欧美一炮而红，这把火随即也烧到了亚洲。这本书的核心是：资本收益率将永远大于经济增长率，且这种趋势将无限延续下去。

《21世纪资本论》作者托马斯·皮凯蒂表示：“我认为金融去监管化有些过度，而金融对实体经济的提振作用有时却比不上其加剧不平等的程度。”在他看来，金融扩张从两大途径加剧了贫富差距。其一，交易员或其他金融界人士收获了更多的薪酬和红利，这远远超过了其对于实体经济的贡献，甚至有时他们对实体经济的贡献为负，却仍坐享巨额财富。其二，金融回报不平等，如那些投资组合规模更大的人能够投资更高端、更高收益的衍生品，从而收获更大的资本收益率。在理论中，完全竞争的市场就是给予每个人最佳回报，但现实世界却大相径庭。

越有钱的人越容易通过金融手段“不劳而获”，而穷人只能靠劳动获得收入，还要忍受金融资本的剥削，这就是世界经济中一直存在的“马太效应”。

马太效应这个术语来源于《圣经·马太福音》第25章中的一个寓言：

从前，一个国王要出门远行，临行前叫了仆人来，把他的家业交给他们，依照各人的才干给他们银子。一个给了五千，一个给了两千，一个给了一千，然后国王就出发了。那领五千的，把钱拿去做买卖，赚了五千。领两千的也赚了两千。但那个领一千的，把主人的银子埋在地里。过了许久，国王远行回来，和他们算账。领五千银子的，又带着那另外的五千来，说：“主人，你交给我五千银子，请看，我又赚了五千。”国王说：“好，你这又善良又忠心的仆人，我会把许多事分派给你管理。”领两千的也来说：“主人，你交给我两千银子，请看，我又赚了两千。”国王也夸奖了他。那个领一千的仆人说：“主人，我知道你是严厉的人，没有种的地方要收割，没有散的地方要聚敛，我就害怕，把你的一千银子埋藏在地里。请看，你的原银在这里。”国王说：“你这又恶又懒的仆人，你既知道我没有种的地方要收割，没有散的地方要聚敛，就当把我的银子放给兑换银钱的人，到我回来的时候，可以连本带利收回。”于是夺过他的一千银子，给了那有一万的仆人。

1968 年，美国科学史研究者罗伯特·莫顿根据这个寓言蕴涵的道理，提出马太效应这个术语，并用以概括这样一种社会现象：相对于那些不知名的研究者，声名显赫的科学家会得到更高的声望，即使他们的成就是相似的。同样，在同一个项目上，名誉通常给予那些已经出名的研究者。例如，一个奖项几乎总是授予最资深的研究者，即使所有工作几乎都是一个研究生完成的。他归纳马太效应为：任何个体、群体或地区一旦在某一个方面（如金钱、名誉、地位等）获得成功和进步，就会产生一种积累优势，就会有更多的机会取得更大的成功和进步。后来，此术语一直被经济学界借用，用来反映贫者越贫、富者越富、赢家通吃的经济学中收入分配不公的现象。

首先我们应该承认，穷人之所以贫困，很大程度上自身难辞其咎。在市场经济中，弱肉强食、优胜劣汰是自然法则。贫困的重要原因可能就是穷人自身知识水平有限和努力程度不够，而自身的贫困反过来又让穷人缺少自我提高的机会，这其中的潜在逻辑就是：穷人因为穷，所以穷，陷入了“贫困的恶性循环”。

但这种贫困循环很容易给人一种假象，认为是市场竞争造成了贫困，贫困的形成是经济学中“看不见的手”造就的。然而，事实并非如此。经济学中所言的市场是一个自由、公平的市场，没有“看不见的手”来控制生产和分配。但现实是，穷人生来并不平等，而且在市场竞争中也不能拥有平等的权力。所以说，贫困不是市场的产物，而是不公平的后果。富人对经济资源配置的控制力是贫困的重要来源。

此外，国际上地区之间的发展趋势也被马太效应影响着。新古典增长理论的“趋同假说”认为，由于资本的报酬递减规律，当发达地区出现资本报酬递减时，资本就会流向还未出现报酬递减的欠发达地区，其结果是发达地区的增长速度减慢，而欠发达地区的增速加快，最终导致两类地区发达程度的趋同。但同时考虑到制度、人力资源等因素时，往往会出现另外一种结果，即发达地区与欠发达地区之间呈现“发展趋异”。又如，人才危机将成为一种全球性现象，人才占有上的马太效应将更加明显，即占有人才越多的地方对人才越有吸引力；反之，不被认可的地方人才就越稀缺，形成人才“空洞”。

马太效应告诉我们，正所谓“一步领先，步步领先；一步落后，步步落后”。要想在某个领域保持优势，就必须在此领域迅速做大，领先于竞争对手。再者，当目标领域有强大的竞争对手时，就要另辟蹊径，找准对手的弱项和自己的优势，以期后来居上。

另辟蹊径的蓝海战略

19世纪50年代，美国西部发现大片金矿，无数做着发财梦的人如潮水般涌向荒凉的西部。有个20岁出头的毛头小伙利维・施特劳斯也挡不住黄金的诱惑，放弃了厌倦已久的文职工作，加入到浩浩荡荡的淘金人流中。

利维来到旧金山，由于淘金者甚多，当机立断，放弃从沙土里淘金，改从淘金者身上“淘金”。他在当地开办了一家销售日用百货的小店，生意十分兴旺，但是所采购的大批搭帐篷、马车篷用的帆布却无人问津。为处理积压的帆布，利维试着用其裁做低腰、直腿筒、臀围紧小的裤子，兜售给淘金工，由于比棉布裤更耐磨，大受淘金工的欢迎，利维的裤子不胫而走。利维变卖了小百货店，开办了专门生产帆布工装裤的公司。就这样，利维开创了历史——牛仔裤诞生了。在鼎盛时期，利维牛仔裤在美国市场一年就可以卖掉5亿条。

在经济竞争中，市场空间假设由两种海洋组成：一是红海，二是蓝海。前者代表目前已存在的一切行业，是一个已知的市场空间；后者代表尚未出现的一切行业，即未知的市场空间。在传统意义上呈收缩趋势的竞争市场通常是“红海战略”的特征，而蓝海战略却要求企业突破这种传统的“血腥”竞争，去拓展一个新的非竞争性的市场空间，即蓝海战略侧重于创造需求与突破竞争。

身处红海的企业如果想战胜竞争对手，就要攫取已知需求下的更大的市场份额，而当市场空间因竞争变得拥挤时，任何企业的利润增长都将减缓甚至停止。在红海中，通常市场上的产品都是常规商品，竞争者们所采取价格战等恶性竞争方式，也让红海变得更加血腥。

蓝海是指未开垦的市场空间，在这里存在创造需求和实现利润飞速增长的机会。在现实中，有一些蓝海是在现有的红海领域以外创造出来的，可这并不会妨碍蓝海战略的作用，还有绝大部分蓝海是通过扩展已存在的产业边界而形成的。

尽管还有不少人对蓝海感到新鲜与陌生，可是它在我们身边却是由来已久，是过去与现在以及未来一切经济生活固有的组成部分。企业如果想在充满竞争的红海中生存发展，最佳选择就是在红海市场中开辟一片蓝海市场，也就是开发出新的市场空间，创造出新的市场需求。

创新产品，挖掘和引领顾客的需求，在今天的红海战略中已被许多企业作为战略手段采用。尽管这种追求差异化的手段在一定的时间内实现了某种垄断，可是从长远来看，最终还是无法摆脱竞争这个宿命。此外，在蓝海战略取得成功以后，必然会出现竞争对手跟进与模仿的现象，这时蓝海又会在短期内变成红海，所谓的蓝海也就会成为昙花一现，因此蓝海的战略家们就要继续开发新的蓝海。由于企业的内外环境不断变化，再加上未来环境的不可预知性，蓝海在发展到一定程度以后，就极有可能会进入“死海”。

可以说，竞争是企业的宿命，也是一种市场游戏规则。企业如果想实现可持续发展，就不能只追求利益，忽视其他社会群体，而应该将社会责任扩展到整个社会关系上来。

蓝海战略不以击败竞争对手为目的，其采取不同的思考逻辑，追求价值创新、价值飞跃、差异化和低成本，开创无人竞争的市场空间，重建市场边界，重构买方价值元素，重塑新的价值曲线。蓝海战略追求的是超越现有需求，彻底甩掉竞争对手。

有规模，才经济

1993年，原来只是一家乡镇羽绒制品厂的广东格兰仕进军家电行业，把全部精力放到了当时还很奢侈的家电微波炉上。那时一台微波炉大概要3000元。

在格兰仕看来，微波炉生产的最小经济规模是100万台，而早在1996年到1997年间格兰仕便达到了这一规模。之后，生产规模每上升一个台阶，其成本便下降一个台阶，这就为以后的产品降价提供了条件。它的做法是，当生产规模达到100万台时，把出厂价定在规模是80万台企业成本价之下；当生产规模达到400万台时，把出厂价又下调至规模是200万台的企业成本价之下；当规模达到了1000万台以上时，又将出厂价定在了规模是500万台企业成本价之下。

这样，经过十年的努力，格兰仕微波炉占有了国内市场70%的份额和国际市场35%的份额。更重要的是，通过扩大规模降低成本，一台微波炉的价格已经降到了300元左右，成为家家用得起的电器。

格兰仕成功的原因有很多，最重要的就是其应用了“规模报酬”理论。

规模经济学是经济学的基本理论之一，是现代企业理论研究的重要范畴。规模经济学是指在一特定时期内，企业产品绝对量增加时，其单位成本下降，从而提高利润水平。兼并可以在两个层次上实现企业的规模效益，即产量的提高和单位成本的降低。兼并给企业带来的内在规模经济在于：通过兼并，企业可以对资产进行补充和调整。横向兼并，可实现产品单一化生产，降低多种经营带来的不适应；纵向兼并，将各生产流程纳入同一企业，节省交易成本等。兼并的外在规模经济在于：兼并增强了企业整体实力，巩固了市场占有率，能提供全面专业化生产服务，更好地满足不同市场的需要。

从经济学史的角度看，亚当·斯密是规模经济学的创始人。他在《国富论》中指出：“劳动生产上最大的增进，以及运用劳动时所表现的更大的熟练、技巧和判断力，似乎都是分工的结果。”斯密以制针工场为例，从劳动分工和专业化的角度揭示了制针工序细化之所以能提高生产率的原因在于：分工提高了每个工人的劳动技巧和熟练程度，节约了由变换工作而浪费的时间，有利于机器的发明和应用。由于劳动分工的基础是一定规模的批量生产，因此，斯密的理论可以说是规模经济的古典解释。

规模经济学告诉我们，通过购并活动实现规模报酬递增的原因，是企业生产规模扩大所带来的生产效率的提高。表现为：生产规模扩大以后，企业能够利用更先进的技术和机器设备等生产要素；随着对较多的人力和机器的使用，企业内部的生产分工能够更合理和专业化；人数较多的技术培训和具有一定规模的生产经营管理，也都可以节约成本。

不过随着规模的继续扩大，生产的各个方面难以协调，生产效率也会降低。大企业特别是垄断性大企业，面临外部市场竞争压力小，内部组织层次多，机构庞大，关系复杂，企业制度安排往往出现内在的弊端，使企业费用最小化和利润最大化的经营目标难以实现，从而导致企业内部资源配置效率降低，也就是通常所说的“大企业病”。

随着生产规模的不断扩大，规模报酬将依次经过规模报酬递增、规模报酬不变和规模报酬递减三个阶段。企业规模不能无节制地扩大，否则所形成的垄断组织将使市场失去完全竞争的活力。

人才是高价值资源

随着人口减少，本国市场将逐渐缩小，很多日本企业纷纷开始在海外寻找生路，这也就导致了海外人才争夺战异常激烈。目前日本地方行政机构已经纷纷开始采取措施，吸引国外留学生在日就业，阻止人才外流。

比如爱知县刈谷市的汽车零部件厂商“电装公司”，决定为来自中国、印度尼西亚、越南等国家的 8 名留学生支付学费和每月 15 万日元的生活费，条件是他们毕业后要在县内企业就业。爱知县政府国际课课长期待地说：“希望这一事业能够成为企业聚集海外人才的契机。”

与此同时，兵库县也设立了“国际商务人才聘用奖金”，以雇用县内留学生的县内中小企业为对象，平均每人给予 30 万日元的补贴。

在都道府县当中，大分县留学生占人口比例最高。2014 年，大分县开始举办留学生与企业的交流会，并从2013年开始着手采取措施通过笼络亚洲人才支援县内企业开展海外事业。然而，大分县内大学共有约3500名留学生。而与此形成对比，在该县就业的留学生仅有40人左右，仅达到三大都市圈10%的程度。日本学生支援机构称，约一半的留学生希望在日本企业就业，然而，实际就业的留学生比例仅为两成。企业所需人才和留学生的期望不符以及彼此相遇的机会少是主要原因。

东京工业大学的准教授佐藤由利子说："日本社会如果不积极引进外国人才将无法维持。其中，拥有祖国人脉网络和语言能力的留学生对于企业非常重要。与大都市相比，地方不利于使留学生稳定下来。一些地方政府采取的引进措施也可以为其他地区提供参考。"

任何国家经济的发展，都离不开人才。人才的概念，不仅是经济范畴的事，还有其社会性、文化性和政治性。从经济学的视野来观察人才，或许有助于对人才的决策选择。

人才是什么？作为劳动者，人才是其中的一部分，但这一部分不同于一般劳动者，他们具有专门的高质量、高素养和高能量，在劳动力这个总体内居于较高或最高层次。因此，在劳动力群体中，人才脱颖而出。随着经济的发展和科技的进步，人才要素在生产力和经济活动中的作用和位置不断提升。作为科学和技术的载体和所有者，人才是第一生产力。

最早的人力资本思想可以追溯到古希腊思想家柏拉图的著作，他在著名的《理想国》中论述了教育和训练的经济价值。亚里士多德也认识到教育的经济作用以及一个国家维持教育以确保公共福利的重要性。但在他们眼中教育仍是消费品，其经济作用是间接的。

人力资本理论突破了传统理论中的资本只是物质资本的束缚，将资本划分为人力资本和物质资本。这样就可以从全新的视角来研究经济理论和实践。该理论认为物质资本指现有物质的资本，包括厂房、机器、设备、原材料、土地、货币和其他有价证券等，而人力资本则是体现在人身上的资本，即对生产者进行普通教育、职业培训等支出和其接受教育的机会成本等价值在生产者身上的凝结，它表现在蕴涵于人中的各种生产知识、劳动与管理技能和健康素质的存量总和。按照这种观点，人类在经济活动中，一方面不断地把大量资源投入生产，制造各种适合市场需求的商品；另一方面以各种形式来发展和提高人的智力、体力与道德素质等，以期形成更高的生产能力。这一论点把人的生产能力的形成机制与物质资本等同，提倡将人力视为一种内含于人自身的资本——各种生产知识与技能的存量总和。

在经济增长中，人力资本的作用大于物质资本的作用。人力资本投资与国民收入成正比，比物质资本增长速度快。人力资本的积累和增加对经济增长与社会发展的贡献远比物质资本、劳动力数量增加重要得多，发达国家是最明显的例子。美国在 20 世纪 90 年代人均社会总财富大约为 42 万美元，其中 25 万美元为人力资本的形式，占人均社会总财富的六成左右。

人才作为生产要素，同样有商品性。人才是在市场需求前提下的产物，由需求导致供给。但讲供求关系，人才不同于其他要素。其他要素在经济发展和科技进步后，都能达到供求先是平衡、后是供大于求（甚至如土地基本上是不可再生的资源，在先进科技提高土地生产率后，也不例外）。只有人才作为先进科技的开发者，永远供不应求，才是不折不扣的稀缺资源，始终处于卖方市场。

人才商品在供求驱动下，要交易，或者说必须流动，方能实现其人才功能。在计划经济体制下，对包括人才在内的劳动力进行指令性分配，基本上排斥流动。由于信息不对称，难免以产定销，产销脱节，人才不可能充分发挥作用，难以实现其价值。只有在市场经济体制下，人才通过自由流动，即供求双方的自由选择，才能得到优化配置。所谓“人尽其才”、“各得其所”，无非是对人才这种特殊商品自由交易的结果。

人才既是要素和商品，自然有价。而在供不应求的情况下，人才价格的总趋势是高涨。科技成果卖高价达千百万元，是人才价格的转化，也归人才所有。这使人才本身的定价发生困惑，任何高薪都难以具体核算其所值。尺度在于实际效益，但在未实现前有不确定性。于是，要采取其他方式，如技术入股，特别是期权，把报酬与效益挂钩于其结果，使买卖双方都不吃亏。

在优势地区和企业，有先发效应，出得起高价；而在弱势地区和企业，有后发效应。特别是在人才蜂拥到先进地区和企业后，会形成有限的买方市场，这为后进地区和企业提供了另一种机遇。

左右价格的蛛网理论

近年来，农产品滞销事件似乎已成新闻媒体的常客，总有类似的报道出现：农户一把眼泪一把鼻涕地诉说滞销的痛苦，呼吁能有人购买，而媒体也很乐于发动更多人加入到公益救助中来，在媒体的宣传推动下，在农户的眼泪催化下，公益力量开始发挥作用，滞销问题得到短暂解决，可谓皆大欢喜。然后又一件农产品滞销的新闻传出，一遍一遍敲打着人们的大脑，却始终得不到彻底的解决。

例如大白菜，它是我国北方冬季的主要菜种。自 1997 年价格放开之后，大白菜价格就从以前的一路稳定变成了“过山车”。2004 年冬天大白菜丰收，河北固安的白菜收购价低到了 2 分钱一斤，出现了用白菜喂羊、喂鹅的现象，甚至许多白菜烂在地里没人管。那时，北京大白菜的批发价是 7 分钱一斤，最低是 4 分钱一斤，创下了六七年来的最低价。这样，许多农民都不敢种白菜了，产量的减少，使 2005 年的白菜价格一路飞涨。看到这种现象，农民在 2006 年又大量种植白菜，结果，再次发生了白菜价格走低的情景。这种现象历经十年，到 2014 年，张家口坝上的错季大白菜又跌到 5 分钱一斤的水平，8 分钱一斤的净菜，客商都不愿意收购。

经济学家把农产品频频陷入丰产却不增收的怪圈现象叫作“丰收悖论”，它是指农民在丰收年获得的收入却比平常年甚至歉收年还要低的看似矛盾的现象。这种现象出现的根本原因就是农产品的需求弹性低及生产周期长。

农产品的储存时间通常很短，这就使农民在进行市场交易的时候处于劣势。许多消费者会想：“反正你急着卖出去，不然就会坏掉，你对交易的要求比我迫切。”所以，他们会利用这种心理来压低价格。而此时，如果是处于供给量相对过剩的情况下，农民实现交易的要求会更加迫切，价格也就会被压得更低。

经济学家在研究农产品价格的时候，运用弹性理论来考察价格波动对下个周期产量的影响，以及由此产生的均衡变动。通过引入时间这一重要因素，从动态变化的角度来分析与考察需求和供给的变动，如果将变动情况用平面直角坐标系来描述，所得图像就类似于蜘蛛网。因此，荷兰经济学家丁伯根将这一理论形象地称为“蛛网理论”。

蛛网理论揭示出市场经济并非十全十美，它调节经济的自发性与滞后性就是其内在缺陷。从蛛网型波动中，我们得到了这样一个启示：不能让农民单独面向市场。因为，他们没有足够的力量做出较正确的市场预测，也不能在某种程度上控制市场或承担市场风险。在市场经济的大潮中，农民就像是一叶掌握不了自己命运的扁舟，单独去闯市场恐怕是凶多吉少。

要想让生产者走出蛛网理论的局限，不能光靠自身力量，在生产者和市场之间建立一个有效的中介组织才是好的解决办法。一般情况下，这可以靠商业资本的介入实现，而对于农产品等生产分散、弹性很小的商品，生产者联合起来组成合作社是个好办法。

在美国，种植柑橘的农民就有过痛苦的经历。柑橘的生产具有周期性，且需要一定的保存费用，所以每当柑橘歉收时，农民会高兴；柑橘丰收时，农民却烦恼。由于他们掌握不了这种生产的变化，因此被类似山峰一样的价格波动折磨得头昏脑涨。

为了摆脱这种困境，他们组建了一个农民与市场之间的中介组织，即新奇士协会。新奇士协会与以前的农业生产合作社不同，它是由农民自己组建的销售组织。新奇士协会控制了供给，在市场上也就有了发言权。当供大于求时，协会可以控制供给与价格，来减少农民损失。同时，它也为农民提供了许多有用的信息及实用的技术。除此之外，协会还做了许多农民自己无法做到的事情。比如注册柑橘的“新奇士”商标，组织产品出口，对产品进行储藏、加工、宣传及调节供给等。

这些做法稳定了供给，平衡了市场力量，从而使柑橘的价格有了保障。如此一来，农民种植柑橘的积极性自然得到提高。同时，良好的销售业绩也保障了农民的收入和利益。

信息时代的长尾理论

一般而言，零售商店最主要的利润来源于一小部分畅销商品，这也符合经济学的“二八定律”，即“20％的商品创造80％的利润”。但是世界第一的亚马逊网络书店的图书销售额中，有1/4来自排名10万以后的书籍。这些“冷门”书籍的销售比例正高速增长，预估未来可占整体书市的一半。而在一般的书店里，这些书几乎是没有利润的。

经济学家称其为“长尾”现象。

长尾理论是网络时代兴起的一种新理论，由美国人克里斯·安德森提出。长尾理论认为，由于成本和效率的因素，过去人们只关注重要的人和事，如果用正态分布曲线来描绘这些人或事，人们只能关注曲线的“头部”，而将处于曲线“尾部”、需要更多的精力和成本才能关注到的大多数人或事忽略。例如，在销售产品时，厂商关注的是少数几个所谓“VIP”客户，“无暇”顾及在人数上居大多数的普通消费者。而在网络时代，由于关注的成本大大降低，人们可以以很低的成本关注正态分布曲线的“尾部”，关注“尾部”产生的总体效益甚至会超过“头部”。长尾理论被认为是对传统的二八定律的彻底叛逆。

我们都知道冰山理论，用冰山理论来形容长尾部分的巨大价值是再适合不过了。长尾的世界就好像是一座海上冰山，露出海面的部分就是大热门，但是在海面下的部分远比海上部分要大得多。

著名的网络公司谷歌就是一个最典型的“长尾”公司。数以千万计的小企业和个人，此前从未打过广告，或从没大规模地打过广告；他们小得让广告商不屑，甚至连他们自己都不曾想过打广告。但谷歌把广告门槛降下来了。一方面，广告不再高不可攀，它是自助的、廉价的；另一方面，成千上万的博客站点和小规模的商业网站，在自己的站点放上广告已成举手之劳。

谷歌目前有一半的生意来自这些小网站而不是搜索结果中放置的广告，数以百万计的中小企业组成了一个巨大的长尾广告市场。这条长尾能有多长，恐怕谁也无法预知。

但也有很多失败者并没有真正理解长尾理论的实现条件。首先，长尾理论统计的是销量，并非利润。管理成本是其中最关键的因素。销售每件产品需要一定的成本，增加品种所带来的成本也要分摊。所以，每个品种的利润与销量成正相关，当销量低到一个限度就会亏损。

超市是通过降低单品销售成本，从而降低每个品种的止亏销量，扩大销售品种。为了吸引顾客和营造货品齐全的形象，超市甚至可以承受亏损销售一些商品。但迫于仓储、配送的成本，超市的承受能力是有限的。

互联网企业可以进一步降低单品销售成本，甚至没有真正的库存，而网站流量和维护费用远比传统店面低，所以能够极大地扩大销售品种。如果互联网企业销售的是虚拟产品，则支付和配送成本几乎为0，可以把长尾理论发挥到极致。可以说，虚拟产品销售天生就适合长尾理论。

其次，要使长尾理论更有效，应该尽量增大尾巴，也就是降低门槛，制造小额消费者。不同于传统商业的拿大单、传统互联网企业的会员费，互联网营销应该把注意力放在把蛋糕做大上。通过鼓励用户尝试，将众多可以忽略不计的零散流量汇集成巨大的商业价值。

使用长尾理论必须小心，保证任何一项成本都不随销量的增加而剧增，最差也是同比增长。否则，就会走入死路。最理想的长尾商业模式是，成本是定值，而销量可以无限增长。这就需要低成本扩展基础设施。

似是而非的萨伊定律

木乃伊是古埃及制造的“人工干尸”，大约从中世纪开始，埃及就不断出土木乃伊。那时候考古学还不是那么发达，也没有那么多博物馆买木乃伊来收藏。但聪明的欧洲商人总是能想办法把木乃伊变成钱。

首先，他们到处宣称木乃伊磨成的粉能包治百病，从头疼到性无能都用得到。于是欧洲人开始一船一船地从埃及进口木乃伊，这种神奇的功能让古埃及死去的国王们一直保持着一个体面的价格。

除了神药的需求，艺术家们也发现了木乃伊的实用价值。他们发明了一种名叫“死人头”的褐色颜料，是用木乃伊的裹尸布做成的。在17世纪这种颜料非常流行，到了19世纪，当这种配方被广为人知之后，它才渐渐失宠了。

然而到19世纪，国王谷等地发现了大量的木乃伊，满大街都是卖木乃伊的，就像集市上卖甘蔗一样。市场上木乃伊的供给一下子超过了需求，当它的价格跌到比煤炭更低时甚至被作为燃料。在当时开往开罗的火车上，堆满了木乃伊，司机时不时地拖过一个“国王”或者“大臣”扔进炉子里。

不过这样贱卖，商人是赚不到钱的，很快，欧洲商人又开发出木乃伊的新需求。欧洲的贵族们在家里开始流行起了“木乃伊大派对”。在当时，解开木乃伊的布条是件社交界的盛事，主人发来邀请函给亲友，由当地的医生解开布条，在人群的尖叫声中，淑女和绅士们瞪大眼睛看着一丝不挂的“国王们”。当然这种行为也是破坏性的，即便是法老的木乃伊，整个活动也没留下多少记录，最后只剩下赤裸的国王和破烂的布条。木乃伊就这样成了上流社会的社交玩具。

生活在现在的人，可能想不到木乃伊除了考古或者当作另类饰品之外还有什么用途，可是在供过于求的时代，精明的商人们不断开发出木乃伊的各种功能，不断创造出对木乃伊的新需求，完美解释了“萨伊定律”这个备受争议的经济学概念。

经济学一直关注的一个核心问题就是生产与需求。在凯恩斯主义兴起以前，萨伊定律是经济学界最尊崇的法则，它是由法国著名经济学家让·巴蒂斯特·萨伊提出的。

在萨伊看来，商品的买卖其实就是商品与商品之间的交换。在交换过程中，货币仅仅是在一瞬间充当媒介，卖主获得了货币，又会去购买商品。因此，卖主也成为买主，供给者也就成为需求者。一种产品的生产为其他产品开辟了销路，供给会创造需求，不管产量怎样增加，产品都不会发生过剩，最多会出现暂时的积压现象，而社会上商品的总供给必然等于其总需求。

萨伊认为，需求是由供给创造出来的，只有供给增长，需求才会扩张。这就是著名的萨伊定律，萨伊也称其为销售论。

萨伊指出，购买手段是由其他价值组成的，也就是由劳动、资本、土地的产出及其他产品组成。据此，他得出了这样的结论：生产为产品创造需求，当交易最后结束的时候，我们将发现交易总是以一种货物交换另外一种货物。

因此，要买一件东西，不使用另外一件东西的价值为购买手段，就买不成。既然是这样，银根紧就不是问题的关键。他指出："钱的一切效用是将卖出货物的价值转移到你的手中，销路疲滞绝不是因为缺少货币，而是因为缺少别的产品。"所以，产品的有无才是问题的重点。因此，创造一种新的产品就相当于为其他同价值产品开辟了销路；而破坏一种产品也就相当于闭塞了其他同价值产品的销路。总之，需要的是产品而非钱，货币只是媒介罢了。产品用产品交换，产品之间互为购买对象与购买手段。而产品是通过生产创造的，所以说"生产会自行创造销路"。

在萨伊看来，生产出来的产品都会有销路，若发生滞销，原因是缺少其他产品的生产。这种情况的确存在，可是这种关系并不是绝对的。在此，萨伊指出了一个重要的事实，即产品是有关联的。既然产品是有关联的，生产就是有关联的，企业就是有关联的，从而人的经济活动也是有关联的。

但我们应该看到，这种关联既有可能是互相促进的，也有可能是互相制约、互相排斥的。一种产品可以为其他产品开辟销路，以扩大对它们的需求，反过来又让其他产品成为自己的促销力量。这种互相促进体现在两个方面：一是可以导致更多的“购买手段”；二是一种产品其自身也许就是生产其他产品的构成因素。不管是哪种情况对产品的生产都将起到促进作用。因为这种力量发自经济活动内部，所以如果想让经济活动正常运行，就不可以人为地打断它们之间互相联系的链条，不然肯定会发生这样一种情况，即“破坏一种产品等于闭塞其他产品的销路”。

不过，是否真如萨伊所说“货物多到堆栈不能容纳的程度”依然是好现象呢？经济学家认为，萨伊在这里将问题绝对化了。因为，此时问题的性质已发生变化，已经从当初产品之间的正常关系变成了一种异常关系。正是因为萨伊对“生产会自行创造销路”持绝对化观点，所以产品的市场竞争这个客观实际就没有了，产品尤其是同类产品之间的互斥性也就不存在了，剩下的仅仅是它们之间和睦共处，互相开辟销路的美好前景而已。

生产是既具有主动性又具有被动性的，唯有适应社会需求的生产才有出路；否则，产品的价值实现必然会困难重重，直至被社会拒绝。此时，一种产品不但无法为其他产品创造销路，也无法确保自己的销路。

第五章 透过投资看世界

俗话说：“钱生钱，不犯难。”随着人民生活水平的逐渐提高，“投资理财”重新成为人们关心的热点。对个人来说，“你不理财，财不理你”，投资可以增加收入，改善生活。而对国家和社会来说，投资是经济增长的基本推动力，是经济增长的必要前提。只有恰当投资，才有经济的活力。

为未来投资

1588年，西班牙和英国在英吉利海峡进行了一场举世瞩目、激烈壮观的大海战。最后，占据绝对优势、号称“无敌舰队”的西班牙海军惨遭毁灭性的失败，几乎全军覆没。从此，西班牙急剧衰落，“海上霸主”的地位被英国取而代之，自己则成为“欧洲的乞丐”。据统计，1545—1560年，西班牙海军从海外运回黄金5.5吨，白银246吨。当时全世界贵重金属开采中的80％为西班牙所得。然而西班牙王朝却只把黄金和白银用于买卖商品，从海外搜刮贵金属的行为，仅仅是“资金的积累”。有金子银子，缺什么就直接买了，何必自己制造呢？于是财富的增加没能给西班牙带来任何真正的益处，相反，这些黄金白银腐化了它的王室，摧毁了它的产业，彻底地动摇了这个帝国的根基。

而英国则走上了另一条道路。当时的英国女王伊丽莎白生性节俭，却追求金钱。对宫廷开支她总是精打细算，把省下来的钱用作投资。

伊丽莎白女王聘请被称为“商人之王”的托马斯·格勒善担任财政顾问，在伦敦市中心建立起一座巨大的交易所。这个交易所将交易、仓储、服务融于一体，云集英国和欧洲各地商人，生意红火兴隆。交易所的开办使女王的钱袋很快鼓了起来。

除了正当生意，伊丽莎白女王甚至将资本投向最具冒险的行业——海盗抢掠。1578年，她为德雷克的海盗船队投资5000英镑，劫掠西班牙的南美领地。这次行动不仅打击了西班牙这个对手，而且为女王带回了26万英镑的优厚回报

在伊丽莎白的带动下，英国人纷纷投资于各种各样的工商业活动，极大地促进了资本主义的发展，最后使英国走在了全世界的最前列。

西班牙的衰落和英国的崛起，实际上就是是否重视投资的结果。

消费与投资是相对的概念：消费是现在享受，放弃未来的收益；而投资是放弃现在的享受，获得未来更大的收益。随着经济的不断发展，投资和人们的生活越来越紧密，已经成为许多人生活的重要组成部分。

如果你手上现有1000元闲钱，你可在周末带全家出游或者上酒店吃上一顿大餐，过个愉快的周末，或者买件高档的衣服。但你也可以把钱存进银行以获得利息；或者买股票或基金，等待分红；或者从古玩市场买字画，等待增值；或者参股朋友所开的小店分利润。前面一种情况就是花掉金钱，获得消费与享受；后面几种情况就是放弃现在的消费，使以后获得更多的金钱，这就是投资。

投资与经济增长的关系非常紧密。在经济学界有一个观点，认为经济增长主要是由投资决定的，投资是经济增长的基本推动力，是经济增长的必要前提。投资对经济增长的影响，可以从要素投入和资源配置来分析。投资对技术进步也有很大的影响。一方面，投资是技术进步的载体，任何技术成果应用都必须通过某种投资活动来体现，它是技术与经济之间联系的纽带；另一方面，技术本身也是一种投资的结构，任何一项技术成果都是投入一定的人力资本和资源的产物。技术进步的产生和应用都离不开投资。

投资按照对象的不同，可以分为实际投资和金融投资。实际投资是指投资于具有实物形态的资产，如黄金、房地产、厂房、机器设备、文物古玩、珠宝玉石等。实际资产能看、能摸、能用，价值稳定，投资收益也不低。金融投资则是指投资于货币价值形态表示的金融领域的资产，如股票、债券、外汇等。金融投资只涉及人与人之间的财务交易，是一种无形抽象的资产，具有投资收益高、价值不稳定的特点。

按投入的领域，投资还可分为生产性投资和非生产性投资。生产性投资是指投入到生产、建设等物质生产领域中的投资，其最终成果是各种生产性资产。由于企业的生产性资产分为固定资产和流动资产，因此，生产性投资又分为固定资产投资和流动资产投资。在经济活动中，固定资产投资与流动资产投资必须保持适当的比例，这样，生产和投资才能正常进行，生产性投资通过循环和周转可以回流，并且可以实现增值和积累。

非生产性投资是指投入到非生产领域中的投资，其最终成果是各种非生产性资产，主要用于满足人的物质文化生活需要。非生产性投资又可以分为两部分：一部分是纯消费性投资，没有赢利，投资不能收回，其再投资依靠社会积累，如对学校、国防安全、社会福利设施等的投资；另一部分是可转化为无形商品的投资，有赢利，可以收回投资，甚至可以实现增值和积累，如对影剧院、电视台、信息中心和咨询公司的投资。

投资的资本来源既可以是节余的钱，如每月工资收入中除去日常消费等支出后的节余，也可以通过负债的方式获得，如借入贷款等方式，还可以采用保证金的交易方式以小搏大，放大自己的投资额度。从理论上来说，其投资额度的放大是以风险程度的提高为代价的，它们遵循“风险与收益平衡”的原则，即收益越高的投资风险也越大。所以说任何投资都是有风险的，只是程度大小不同而已。由此可见，只要是投资就有赌博的成分在里面，因为未来的情况会随着现实的变化而不同。如果现实按照预期方向发展，就会获得很好的投资回报；如果没有按预期方向发展，就可能遭受亏损。

复利：世界第八大奇迹

2011 年 12 月 19 日，纽约证券交易所迎来了一个历史性的时刻：在纽交所上市的伯克希尔·哈撒韦公司股票（BRK. A）收盘价停在了112325 美元，成为历史上价格最高的股票。

伯克希尔·哈撒韦这个名字可能很多人觉得陌生，远没有它的老板沃伦·巴菲特知名。这是一家传统纺织制造公司，后来由于经营不善被沃伦·巴菲特于 1956 年收购，收购价仅为每股 8 美元左右。虽然30 年中有 22 年跑赢大市，甚至在 1979 年创下了 110.5%的年涨幅纪录，但是要成为“世界上最贵的股票”，却是靠着两件法宝：不拆股和不分红。依据巴菲特的看法，分股不增加任何股东价值，一个 100 的大饼与两个 50 的小饼实质没有什么区别，只是账面游戏而已。所以公司仅仅在 1967 年向股东支付了上市后唯一的一次红利——每股 10 美分。在巴菲特看来，如果公司有更好的投资方向，就不应该向股东分派现金红利，这样做有利于股东价值最大化，同时可以避免投资者拿到红利时的二次征税。

靠着“利滚利”式的操作，伯克希尔·哈撒韦股价才成为“世界第一股”，并在 3 年后一步攀上了 20 万美元一股的高峰。

利滚利，或者说利上加利，经济学称之为复利，就是一笔存款或者投资获得回报之后，再连本带利进行新一轮投资，这样不断循环。和复利相对应的是单利，单利只根据本金计算利息，没有利滚利的过程。但这两种方式所带来的利益差别一般人却容易忽略。假如投入 1 万元，每年收益率为 28%，57 年后复利所得为 129 亿元。若是单利，

28%的年收益率 57 年却只能带来 15.96 万元。这就是复利和单利的差距。

爱因斯坦说过："'复制'乘以'时间'等于世界第八大奇迹。"在印度有一个古老的传说：舍罕王打算奖赏象棋的发明人——宰相西萨·班·达依尔。国王问他想要什么，他对国王说："陛下，请您在这张棋盘的第 1 个小格里，赏给我 1 粒麦子，在第 2 个小格里给 2 粒，第 3 小格给 4 粒，以后每格都比前一格加一倍。请您把这样摆满棋盘上所有的 64 格的麦粒，都赏给您的仆人吧！"舍罕王觉得这要求太容易满足了，就命令给他这些麦粒。当人们把一袋一袋的麦子搬来开始计数时，国王才发现：就是把全印度甚至全世界的麦粒全拿来，也满足不了那位宰相的要求。那么，宰相要求得到的麦粒到底有多少呢？通过计算，可以得知摆满整个棋盘需要 18446744073709551615 粒麦子，大约需要全世界的农民耕作两千年。这就是复利的魔力。

在复利模式下，一项投资所维持的时间越长，带来的回报就越高。在最初的一段时间内，得到的回报也许不理想，但只要将这些利润进行再投资，那么资金就会像滚雪球一样，变得越来越大。

此外，复利的巨大作用也会从投资者的操作水平中体现出来。为了抵御市场风险，实现第一年的赢利，投资者必须研究市场信息，积累相关的知识和经验，掌握一定的投资技巧。在这个过程中，需要克服一些困难，但投资者也会养成一定的思维和行为习惯。在接下来的一年里，投资者过去的知识、经验和习惯会自然地发挥作用，并且还会在原来的基础上使自己有一个提高。这样坚持下来，投资者会越来越善于管理资产，进行更熟练的投资，这是在实现个人投资能力的"复利式"增长。而投资理财能力的持续增长，使投资者有可能保持甚至提高相应的投资收益率。

让我们把复利运用到自己的投资理财活动中。假设一个 25 岁的年轻人，投资 1 万元，每年赢利 15%，那么 20 年后，他可以获得 15 万元左右的利润。再过10年，他就能赚65万元。到65岁时，他就能获得200多万元的回报，成为百万富翁。当然，市场有景气有不景气，每年都挣15%难以做到，但这里说的收益率是个平均数，如果有足够的耐心，再加上合理的投资，这个回报率是完全有可能做到的。

人生也有和复利效应类似的道理。一个人一年取得的成就也许微不足道，但如果他每年都能在过去的基础上前进，长期积累，就会获得巨大的成就。每个人年轻时的起点可能差不多，理想也差不多，但是一生的成就却千差万别，有的成就斐然，有的则一事无成，庸庸碌碌一生。这是“复利”的力量在人生历程中的体现。

可以说，复利是一种思维，是一种以耐心和坚持为核心的思维方式。如果我们能够运用复利思维，不管是投资还是人生，都会有不错的回报。

在人生中，追求财富的过程不是短跑，也不是马拉松式的长跑，而是在更长甚至数十年的时间跨度上所进行的耐力比赛。只要坚持追求复利的原则，即使起步的资金不多，也能因为足够的耐心加上稳定的“小利”而很漂亮地赢得这场比赛。

股票：最常见的投资

1986年，时任纽约证券交易所董事长的约翰·范尔林先生访华。邓小平同志会见他时专门提到了中国也发行了股票。范尔林很高兴，随即向邓小平赠送了一枚纽约证券交易所的证章。按照礼节，中国领导人也必须回赠一件礼物。经再三考虑，决定赠送范尔林先生一张股票。

经过挑选，一张50元面值的飞乐股票送到了范尔林先生手中。范尔林接过这张股票，非常高兴：中国改革开放才6年，居然有了股票，而且他是持有中国股票的第一个外国人。

现在，范尔林先生的这枚“原始股”已永久陈列在纽约证券交易所的橱窗内。通过多年的送配，这1股变成了3183股，市值由50元变成最高时的10.76万元，回报率高达2152倍！

经济学告诉我们，如果财富的增值赶不上物价水平的提高，那么个人财富就会或快或慢地缩水。在通货膨胀面前，低利率的银行存款最不可靠；债券也难以保值；固定资产不好兑现，流动性很差；黄金可以保值，但是保管难度大。从经济发展来看，抵御通货膨胀风险的最好办法是股票投资，这是一种出色的长期保值工具，银行存款、各类债券、短期票据等固定收入资产都无法与股票相提并论。

股票是股份有限公司在筹集资本时向出资人发行的股份凭证，代表其持有者（即股东）对股份公司的所有权，即对公司收益的索取权，是一种综合权利，如普通股股东可以参加股东大会、投票表决、参与公司的重大决策，收取股息或分享红利等。

美国的证券市场至今已经历了200多年的历史，研究美国市场的发展历程无疑具有较好的借鉴意义。有专业机构对美国证券市场中的股票、长期政府债券和短期政府债券三类资产在不同阶段的长期收益表现进行了对比，资产收益率的数据都是剔除了通货膨胀影响后的实际收益率，以反映各项资产购买力的增长情况。

数据显示，股票实际复合收益率在过去195年中达到了平均每年107%的水平，即股票收益率战胜通货膨胀率7个百分点。令人惊奇的是股票实际收益率在所有主要阶段均表现出了出色的稳定性：1802—1870年是年均7%；1871—1925年是年均6.6%；1926—1997年是年均7.2%，即使在美国过去200年中通货膨胀最严重的第二次世界大战后的时期，股票的实际收益率仍达到年均7.5%的水平。

而固定收入资产的长期实际收益在各个主要的经济时期都低于股票的实际收益，在1802年至1997年间的长期政府债券的复合年实际收益率仅为股票的一半，短期政府债券则更低。固定收入资产的长期收益变化情况也与股票不同，票据的实际收益率从19世纪初的5.1%迅速下降到1926年的0.6%，仅略高于通货膨胀率；长期债券的实际收益变化情况也类似，从第一阶段的4.8%下降到第二阶段的3.7%，到第三阶段仅为2%。

如果以离目前较为接近的第三阶段的收益率来预测，票据的购买力翻一番需要120年，长期债券需要40年，而股票只需要10年。因此，股票投资的长期优越性极其显著。

可以说，股票是现在最流行、最火暴的投资工具。大部分人围绕股票构建自己的投资理财规划，再结合其他投资工具建立投资组合。从短期来看，股票具有很大的风险，操作不好有可能会蒙受巨大损失。但从长期来看，股票投资的风险并不是很大。

然而并不是所有的股票都可以帮助人们抵御通货膨胀，股票的质地很重要，比如那些没有赢利能力、两三年后就有可能破产的股票，应该坚决规避；而那些可以转嫁通货膨胀风险的股票完全可以帮助投资者保值增值，尤其是那些赢利能力强的优质固定资产。投资者该如何选到质地优良的股票呢？那就是，挑选的公司要具有独一无二的竞争优势。这种“独一无二”的优势包括五个方面。

第一是垄断优势。通俗地说，就是独家生意。比如银行信用卡大部分必须通过万事达或维萨两家国际组织网络，而碳酸饮料市场基本上就被可口可乐和百事可乐垄断。“股神”沃伦·巴菲特从1987年开始购买可口可乐股票，到2003年收益率高达681.37%。尽管这期间可口可乐也一度出现过业绩下滑，但巴菲特坚持相信对其强大长期竞争优势的判断，而绝不把股价的一时涨跌作为持有还是卖出的标准。

第二是品牌优势。有品牌的企业非常多，但只有很少的品牌具有

“独一无二”的特性。茅台号称国酒，同仁堂号称国药，耐克公司是世界最好的体育用品公司和运动产品的标志，这些品牌已深深地为消费者所认可和喜爱。同样的产品，消费者就要买这些牌子的，哪怕贵了很多。

第三是能力技术优势，包括公司在决策、研发、生产、管理、营销等方面的技能。比如微软公司的技术优势使之成为信心行业的佼佼者，任何软件产品不适用“视窗”操作系统就会失去很大的市场。具有这种优势的公司，往往会持续高速发展，给投资者带来丰厚的回报。

第四是政策优势，主要是指政府为加强相关产业的战略位置，制定有利于行业发展的政策与法规，使相关产业形成某种具有限制意义的优势。除了专利保护和减免税优惠政策外，还有原产地域保护政策。

第五是行业优势。可以说有些行业有先天优势，有些行业注定要吃亏。由于行业壁垒的存在，更体现出了一些行业的优势。如果投资者选择具有行业优势的公司股票，赚钱的可能性就大为增加。

从短期来看，市场是一架“投票计算器”。但从长期看，它是一架“称重器”。在价值投资理论看来，一旦看到市场波动而认为有利可图，投资就变成了投机，没有什么比赌博心态更影响投资。所以花半年时间挑一只赚大钱的股票，比花一个小时挑几只赔钱的股票更划算。

风险低的债券投资

1989 年，房地产商人西摩尔·德斯特在纽约 42 街上安装了一个大型数字计数器，实时更新美国的公共债务总额，并显示出每个美国家庭所要负担的数额。这就是有名的“国债钟”。当时美国国债大约为 2.7 万亿美元。

2008年10月8日，“国债钟”出了一点儿小状况：由于美国国债数字已达10.2万亿美元，显示牌上预留的13位数字不够了，不得不把最左边的“1”和表示美元的符号“＄”挤在一个格子里。2009年7月5日，经过改造的增加了数字的“国债钟”重新投入使用。到今天，国债钟上的数字已经突破了18万亿美元，相当于每个美国公民背负着5.6万美元的债务。要知道，美国现在的人均年收入也不过4.3万美元。

这18万亿美国国债，除了美国公民自己购买的以外，约有44%由外国投资者持有，其中的25%由外国政府持有。中国是美国最大的“债主”，其次是日本。虽然美国国债数目庞大，但是人们普遍认为，作为世界上唯一的“超级大国”，美国是绝对不会赖账的。

钱不够花，就要借债；而有钱的人通过借债，也可以收到一定的利息。显示债务情况的这个凭证，就是债权。

债券是一种有价证券，是国家政府、金融机构、企业等社会各类经济主体为筹措资金而向债券投资者出具的，并且承诺按一定利率定期支付利息和到期偿还本金的债权债务凭证。由于债券的利息通常是事先确定的，所以，债券又被称为固定利息证券。

债券作为一种债权债务凭证，与其他有价证券一样，也是虚拟资本，而非真实资本，它是经济运行中实际运用的真实资本的证书。债券作为重要的融资手段和金融工具具有如下特征。

（1）偿还性。债券一般都规定偿还期限，发行人必须按约定条件偿还本金并支付利息。

（2）流通性。债券一般都可以在流通市场上自由转让。

（3）安全性。与股票相比，债券有固定的利率，与企业绩效没有直接联系，收益比较稳定，风险较小。此外，在企业破产时，债券持有者享有优先于股票持有者对企业剩余资产的索取权。

（4）收益性。债券的收益性主要表现在两个方面，一是投资债券可以给投资者定期或不定期地带来利息收入；二是投资者可以利用债券价格的变动，买卖债券赚取差额。

美国国债这样的政府债券是政府为筹集资金而发行的债券。国债因其信誉好、利率优、风险小而又被称为“金边债券”。除了政府部门直接发行的债券外，有些国家把政府担保的债券也划归为政府债券体系，称为政府保证债券。这种债券由一些与政府有直接关系的公司或金融机构发行，并由政府提供担保。中国历史上发行的国债主要品种有国库券和国家债券。向个人发行的国库券利率基本上根据银行利率制订，一般比银行同期存款利率高1～2个百分点。在通货膨胀率较高时，国库券也采用保值办法。

企业用债券筹资，资本成本比较低。债券的利息可以税前列支，具有抵税作用；另外债券投资人比股票投资人的投资风险低，因此其要求的报酬率也较低。故公司债券的资本成本要低于普通股。债券的利息是固定的，债券持有人除获取利息外，不能参与公司净利润的分配，因而具有财务杠杆作用，在税前利润增加的情况下会使股东的收益更快地增加。发行债券所筹集的资金一般属于长期资金，可供企业在1年以上的时间内使用，这为企业安排投资项目提供了有力的资金支持。债券筹资的范围广、金额大，筹资对象十分广泛，它既可以向各类银行或非银行金融机构筹资，也可以向其他法人单位、个人筹资，因此筹资比较容易，并可筹集较大金额的资金。

但债券筹资也有一些缺点。债券有固定的到期日和固定的利息支出，当企业资金周转出现困难时，易使产业陷入财务困境，甚至破产清算。因此筹资企业在发行债券筹资时，必须考虑利用债券筹集的资金进行的投资项目的未来收益的稳定和增长的问题。债券的限制条款多，资金使用缺乏灵活性。因为债权人没有参与企业管理的权力，为了保障债权人债权的安全，通常会在债券合同中包括各种限制条款。这些条款会影响企业资金使用的灵活性。

理论上，债券发行价格是债券的面值和要支付的年利息按发行当时的市场利率折现所得到的现值。由此可见，票面利率和市场利率的关系影响债券的发行价格。当债券票面利率等于市场利率时，债券发行价格等于面值；当债券票面利率低于市场利率时，企业仍以面值发行就不能吸引投资者，故一般要折价发行；当债券票面利率高于市场利率时，企业仍以面值发行就会增加发行成本，故一般要溢价发行。

人们投资债券时，最关心的是债券收益有多少。债券收益不同于债券利息，债券利息仅指债券票面利率与债券面值的乘积，但由于人们在债券持有期内，还可以在债券市场进行买卖，赚取差价，因此，债券收益除利息收入外，还包括买卖差价。

黄金投资最能保值

“中国大妈”是网络上引用美国媒体调侃国内中年女性大量收购黄金引起世界金价变动而来的一个新兴名词。《华尔街日报》甚至专创英文单词“dama”来形容“中国大妈”。“中国大妈”对黄金的购买力导致国际金价创下2013年内最大单日涨幅。

2013年4月15日，黄金价格一天下跌20%，大量中国民众冲进最近的店铺抢购黄金制品，一买就是几千克，他们被称作是抄底黄金市场的“中国大妈”。华尔街大鳄在美联储的授意下举起了做空黄金的屠刀，经过一年的酝酿造势，华尔街大鳄们终于出手做空黄金了，黄金大跌，世界哗然，不料半路杀出一群“中国大妈”，1000亿人民币，300吨黄金瞬间被扫，整个华尔街为之震动。华尔街卖出多少黄金，大妈们照单全收。做空大战中，世界五百强之一的高盛集团率先举手投降。一场“金融大鳄”与“中国大妈”之间的黄金阻击战，“中国大妈”完胜。

黄金作为一种货币，具有不变质、易流通、保值、投资、储蓄等多种功能。当然，黄金的价格也会有变动，不过到任何时候，就算所有的纸币都不能花了，黄金仍可以充当货币。因此，黄金成为人们新的投资品种，尤其在不确定的经济、政治环境下，黄金作为“没有国界的货币”更受人们的青睐，成为永久、及时的投资方式。作为一种世界范围的投资工具，黄金具有全球都可以得到报价，抗通货膨胀能力强，税率相对于股票要低很多，公正公平的价格走势，产权容易转移，易于典当等比较突出的优点。因此奠定了这个天然的货币之王的地位。

在我国，现阶段主要的黄金投资品种有实物金、纸黄金和黄金期货三种。

实物金买卖包括金条、金币和金饰等交易，以持有黄金作为投资。这种投资的实质回报率基本与其他方法相同，但涉及的金额一般较高，必须支付储藏和安全费用，而且持有黄金没有利息收入，只可以在金价上升之时才可以获利。一般的饰金买入及卖出价的差额较大，视作投资并不适宜，金条及金币由于不涉及其他成本，是实物金投资的最佳选择。黄金现货市场上实物黄金的主要形式是金条和金块。金条有低纯度的沙金和高纯度的条金。条金就是俗称的“金条”，一般每条重400盎司（1盎司相当于28.35克）。

纸黄金，通俗地说就是黄金的纸上交易，投资者的买卖交易记录只在个人预先开立的“黄金存折账户”上体现。由于纸黄金是不依赖实物的交易，所以不用担心黄金的储存、保管，它是以数据的形式记录在银行的数据库中。其安全性要远远高于银行存款。纸黄金交易中，投资者无须透过实物的买卖及交收来实现交易，而是采用记账方式来投资黄金，由于不涉及实物的交收，交易成本可以更低。从变现的程度来说，纸黄金的变现是瞬间到账的，比股票更具有弹性，只要愿意，投资者可以在买入几分钟后卖出，而这在股市是不可能实现的。

纸黄金也并非没有缺陷。虽然它可以等同持有黄金，但是一般不可以换回实物，如想提取实物，只有补足足额资金后才能换取。

要注意的是，纸黄金和实物黄金的共同缺点就是不能做空。也就是说，当黄金价格下跌的时候，投资者就无法进行黄金投资操作了，只能等待下次上涨。如果投资者手中持有黄金，而没有及时卖出，那么只能承担黄金价格下跌的损失了。

黄金期货投资的缺点是风险较大，需要较强的专业知识和对市场走势的准确判断。由于黄金投资的主要目的是保值而不是增值，所以黄金期货严格来说并不能体现黄金投资的优势，与其他商品期货投资更为接近。国际金价在 2013 年 4 月大跌后连续疲软，直接从每盎司 1550 美元下降到每盎司 1200 美元左右，导致“中国大妈”纷纷被套牢。但是“中国大妈”似乎并不在意，购买黄金的热情一如既往。

除黄金之外，铂金、白银也是常见的贵金属投资项目。尤其是白银，由于银价相对低廉，大约仅为金价的 2.5%，因此成为不少避险投资人的廉价替代品，过去一向被市场戏称为“穷人的黄金”。

贵金属作为一种特殊的具有投资价值的商品，其价格受多种因素的影响，这些因素对贵金属价格的影响机制非常复杂，投资者在实际操作中难以全面把握，因而存在出现投资失误的可能性，如果不能有效控制风险，则可能遭受较大的损失，投资者必须独自承担由此导致的一切损失。

理智操作房产投资

为了振兴美国经济，拯救房地产业，2014 年 11 月 3 日，美国联邦参议员舒默和李麦克正式向国会提交了“振兴旅游投资签证法案”。根据该议案，对于在美国购买房产 50 万美元以上的外籍人士给予 3 年居留签证。3 年期满，这些外国居民只要还拥有其购买的房子，其签证即可获得延长，而这种签证持有人的未成年子女可以进入美国公立中小学读书。该议案得到了股神巴菲特，以及美国奥委会、美国旅游协会、美国酒店协会和美国商会的支持。虽然议案面向所有非美籍人士，但外界普遍认为主要是针对中国人的。

根据全美房地产经纪人协会的统计数据，从 2010 年 3 月至 2014 年 3 月，海外购房者在美国房地产市场上投资了大约 820 亿美元。美国房地产外籍人士买主中，如果按交易金额算，9％的金额来自中国居民，达到了 73.8 亿美元，仅次于加拿大，位居第二。

人们购买房屋的目的一般有两种，一种是为了自住，一种是用于投资。从狭义投资的角度讲，房地产投资与购买股票、国债和期货没有什么两样。理由只有一个，那就是对于它的未来增值预期有多少。

那么，什么样的房产最具有升值潜力呢？

首先，房产作为不动产，其地理位置是最具升值潜力的条件。那些地铁、大型商圈、交通枢纽等地段的房产升值潜力比较大。

其次，所购房产周边的基本配套设施和政府综合城区规划的力度和预期，是否有便捷的交通、学校，都将为楼盘升值起推动作用。

再次，房产所属小区的综合水平，物业设施、安全保障、公共环境以及房屋本身的价值等，都是房产升值的评判标准。

最后，还要看该房产所属地的出租率和租金情况。总的来说，不动产作为商品有两种变现方法：一是出售，二是出租。一个地区的不动产销售数据有时会失真，但出租行情作为终端用户的直接使用，其租金和出租率较为真实，会明确地告知你该地区物业的真实价值；同时，租金和出租率也是不动产短期收益的衡量指标。

那么，如何考察一处房产的潜在价值呢？如果将购买的房子租出去，会赚钱吗？我们用三个简单的公式即可粗略地计算出房产大体的价值。

第一种是用租金乘数估算。租金乘数是比较全部售价与每年的总租金收入的一个简单公式，即：租金乘数＝投资金额÷每年潜在租金收入。如果得出的结果小于12，即在合理购买范围之内。如果一处房产的租金乘数超过12，就可能带来负现金流。

第二种是用15年租金收益比较购买价。这种计算方式也是国际专业理财公司评估物业的常用方法，是以15年为期比较房产购买价格。如果该房产的年收益乘以15，小于房产购买价，那么该物业价值就被高估了。

第三种是用投资回收期进行计算。投资回收期法考虑了租金、价格和前期的主要投入，比租金乘数适用范围更广，还可以估算资金回收期的长短。计算公式为：投资回收年数＝（首期房款＋期房时间内的按揭款）÷［（税后月租金－按揭月供款）×12］。这种方法可简略估算资金回收期的长短，一般来说，回收年数越短越好。

以上三种方法是房产投资时最常用的估算方法，有的只需进行简单的预测和分析即可帮助投资者快速作出判断，有的需要进行专业投资分析，计算另外一些指标以增加可靠性。比如，一处地段好的房产可能现在的租金回报率不高，但具有较佳的升值前景；或者一套普通住宅能够享受税收减免，一定程度上能够弥补过高的租金乘数。值得房产购买者注意的是，这其中并没有考虑如通货膨胀、货币升值等问题。因此，该方法适用于对房产做出大致的价值参考判断。

不管是自住型或是投资型的购买需求，都应该考虑房价未来能涨多少，因为大部分人是用毕生的积蓄购买房产，起码也得保证较长年头内不跌才划算，投资才能得到良好的收益。

保险：给未来系上安全带

约翰・D. 洛克菲勒是美国历史上首屈一指的超级资本家。他旗下的财团一度控制了美国四分之一的保险业资产，而且慷慨地向教育文化、医疗卫生和其他社会团体赠款数亿美元。

然而年轻时的洛克菲勒却是个吝啬鬼，以至于对保险费斤斤计较。有一次他经由水路托运价值 4 万美元的谷物，因为觉得 150 美元的保险费太高了，他就没有投保。然而到了晚上，暴风雨袭来，洛克菲勒十分担心，恐怕他的货物遭遇不测。第二天早上，当他的合伙人乔治・加勒来到办公室时，发现洛克菲勒已在那里，正绕着房间焦急地踱步。

“快!”洛克菲勒发抖地说，“看看现在是否还可以买保险。如果不能的话，就太迟了!”加勒赶快冲到城里去，找到一家反应迟钝的保险公司买了一份保险。然而当加勒回到办公室时，洛克菲勒正好收到一封电报：货物已卸下，未受到暴风雨袭击。于是 150 美元的保险费就此浪费。

因为这 150 美元，每年可以经手 50 万美元的生意的洛克菲勒失魂落魄，不得不回家躺倒在床上。

人们因为厌恶风险而规避风险，保险就应运而生。保险是人们为了对付由意外事件——疾病、事故或其他不幸——引起的财务风险而购买的安全。人们向保险公司支付保险费，换回一个承诺，即如果所保险的事件发生，保险公司将进行赔偿。保险并没有消灭风险，而是转换了风险：风险原来由投保人自己承担，现在由保险公司承担。通俗地讲，其实“保险”就是“互助”，互相帮助解决经济上的困难。保险公司就是提供了一个许多人互助的平台。

人类社会从开始就面临着自然灾害和意外事故的侵扰，在与大自然抗争的过程中，古代人们就萌生了对付灾害事故的保险思想和原始形态的保险方法。古巴比伦王国国王命令僧侣、法官、村长等收取税款，作为救济火灾的资金。古埃及的石匠成立了丧葬互助组织，用交付会费的方式解决收殓安葬的资金。古罗马帝国时代的士兵组织以集资的形式为阵亡将士的遗属提供生活费，逐渐形成保险制度。

到中世纪，意大利出现了冒险借贷，冒险借贷的利息类似于今天的保险费。1384 年，比萨出现世界上第一张保险单，现代保险制度从此诞生。

从投资的角度来讲，经济活动的收益越高，其潜在风险也越高，如果通过保险的方法，支付少量保费就可以弥补风险带来的损失，实际上也就增加了收益。但是保险也不是越多越好，虽然保险多，保障也多，但投保是需要成本的，投保的根本原则是以尽可能小的代价获得较全面的保障。所以在购买保险的时候，还要遵循一定的基本原则。

首先，要量力而行，就是购买保险的投入必须与经济状况相匹配，根据现有的收入水平，并预估未来的收入能力，计算出收支结余，在此基础上再算出可用来购买保险的资金。经济学家推荐保险支出最好占收支结余的 10％～30％。这样，才能确保你的保险不会无力支付，也不会出现保险投资比率不足的情况。

其次，要重视高额损失，自留低额损失。确定保险需求的首要考虑是风险损害程度，然后是发生频率。损害大、频率高的损害优先考虑保险。较小的损失家庭能承受得了的，一般不用投保。而且保险一般都有免赔额，低于免赔额的损失保险公司是不会赔偿的，应该放弃低于免赔额的保险。

然后，还需要把保险项目进行科学组合，注意利用各附加险。许多险种除了主险外，还带了各种附加险。你购买了主险种，如果有需要，也可购买其附加险，这样可以避免重复购买多项保险。例如，购买人寿险时附加意外伤害险，就不需要再购买单独的意外伤害险了。附加险的保费比单独保险来说较低，可以节省保费。所以综合考虑各保险项目的合理组合，既可以得到全面保障，又能够有效利用资金。

对于家庭来说，必须识别家庭所面临的风险，根据风险种类和发生的可能性来选择险种。例如，家庭中男主人是主要收入者，是家庭的经济支柱，而且从事危险程度较高的工作，因此家庭的首要保险就应该是男主人生命和身体的保险。

买保险主要是为了规避风险，即花少量的保险费，避免大的经济损失。这就像一把保护伞一样，能为未来提供一份保障。因此，保险的意义应该超出其本身的价值，换个角度说，应该不是用“合不合算”来衡量的。

储蓄也是投资

如果打开世界经济地图，可以发现一个现象：夹在北纬 30 度到南纬 30 度中间的热带国家几乎都是发展中国家，包括绝大多数最不发达国家，而发达国家无一例外地都处在 30 度线以外。为什么热带国家比较落后？除了复杂的历史政治原因之外，经济学家普遍认为这与热带国家的居民缺乏储蓄意识有关。

热带国家气候适宜，物产丰富。曾任亚洲开发银行首席能源专家的翟永平这样形容他在非洲看到的景象：“由于适宜的自然条件，一些处于热带国家的杧果、菠萝、香蕉、椰子等果实遍地生长。到了成熟季节，烂掉的果子肯定比人吃掉的数量大许多。有些失业的青年在街头一觉睡到日西下，吃几个果子后还可以接着睡，既冻不死，也饿不倒。”很多非洲人拿到工资之后，很快就会花光。翟永平在科特迪瓦工作时，雇用了一位黑人司机。黑人司机原来做长途运输，每月能挣 9 万西非法郎，而翟永平只能付给他 6 万西非法郎的工资。没想到司机还是爽快地答应了。后来司机说：“我当卡车司机，是一天发一次工资，每天发 3000 西非法郎，发多少花多少。到月底那天我还是只有 3000 西非法郎，没法付房租、水电费。到这里工作，月底才发工资，我到时先把该交的钱交上，再买些当月的米面食品。日子比以前过得轻松多了。”

与热带人民相反，生活在温带、寒带的人都必须有储蓄的习惯，才能度过严寒的冬季。这样，他们手中的财富就会不断积累、增值，最终变得比热带人更富裕。

从广义上讲，当前收入中不用于消费，即收入减去消费的部分，如银行的存款、购买的有价证券、保存在手中的货币等，都称为储蓄。储蓄是西方经济学中宏观分析理论的一个重要概念，也是凯恩斯收入与就业理论的前提条件之一。但是，储蓄也是一个不容易确定的概念，从它的来源或用途来看，均没有准确的数量限制。

储蓄包括政府机构储蓄、企业储蓄和个人及家庭储蓄三种。政府机构储蓄没有一定的动机。企业储蓄的动机则是为了再投资或获取利息，影响企业储蓄的主要因素是投资的边际效率，而个人及家庭储蓄的原因主要是为不测事件建立储备金、为自己的老年积累基金、为保护自己的家属或为了其他某一具体目的等。个人或家庭储蓄也为商业资本投资提供了部分资金来源。影响个人及家庭储蓄水平的主要因素包括收入的多少、对未来收入的预料以及利率的高低等。

储蓄的原意是积蓄备用，它在社会生产力发展到出现剩余产品后就有了。现代银行产生后，银行广泛聚集小额货币并付给利息，储蓄作为一种存款才迅速发展起来。有些国家的银行虽然大量办理个人存款，但并不单独划分出储蓄这一项。有的国家，储蓄内容比较广泛，将保险年金存款也包括在内。

储蓄的作用有三方面：首先，作为一项信贷资金来源，通过聚少成多、变消费为积累，用来增加生产建设资金，在一定程度上可以促进国民经济比例和结构的调整，使社会再生产过程加速和规模扩大；其次，作为货币的信用回笼手段，可以推迟部分购买力的实现，有利于调节货币流通；最后，能够引导消费，有利于居民有计划地安排生活。

关于储蓄的作用，经济理论界有这样一种看法，即认为储蓄作为一种存款，它的增加只是流通中货币的减少，没有改变信贷资金来源，而贷款等于存款加流通中货币，所以，储蓄实质上没有积聚建设资金的作用。

个人可支配收入总额中储蓄所占的百分比称为储蓄率。2005 年，我国国内储蓄率高达 51%，而全球平均储蓄率仅为 19.7%。高储蓄率虽然为经济发展提供了重要的资金来源，但是储蓄率过高过快增长却又潜伏着巨大的隐患。过高的储蓄率导致内需不足。从宏观来看，居民可支配收入中扣除投资部分后的支出由消费和储蓄两部分组成，消费指现期消费，储蓄是未来消费，两者之间此消彼长。居民储蓄长期过快增长必然会抑制消费，造成消费需求不足。

储蓄率的提高是经济增长的必然规律，几乎所有发展中国家在向发达国家转变的过程中都经历过高储蓄阶段。日本在 20 世纪六七十年代具有较高的国民储蓄率，而这段时间正是日本转变为发达国家的重要阶段。与此形成鲜明对比的是，许多低储蓄的生活国家难以发展成为发达国家。例如南美洲的许多国家19世纪已经建国，并且没有经历世界大战的战火浩劫，然而这些国家经过100多年的和平发展，仍然处于发展中状态，这与它们崇尚高消费、低储蓄的生活模式是不无关系的。作为“金砖四国”之一的巴西，想尽办法提高储蓄率：对带有投资性质的短期存款，巴西政府课以20％的利息税，而定期储蓄则免征利息所得税。

普通劳动者家庭收入增长缓慢，内需不足，会导致居民具有高储蓄倾向。社会保障不充分和预期不稳定也会诱导居民通过储蓄来实现自我保险。比如一向不爱储蓄的美国人，自经济危机以后，美国民众的储蓄率有较大幅度的增加，最高达到6.9％，是15年以来的最高水平。

可以说，高储蓄阶段其实是经济发展中的一种必然规律，只有经历了高储蓄阶段的国家才能实现经济的腾飞，由不发达状态转向发达状态，而持续低储蓄的发展中国家很难转变为发达国家。

如何规避投资风险

自2007年美国次级房屋信贷危机爆发后，投资者开始对按揭证券的价值失去信心，引发流动性危机。即使多国中央银行多次向金融市场注入巨额资金，也无法阻止这场金融危机的爆发。直到2008年9月，这场金融危机开始失控，并导致多间相当大型的金融机构倒闭或被政府接管，并引发经济衰退。

这场“金融海啸”之后，华尔街的证券经纪人中间流传着这样一个笑话：如果年初你有1000美元，你买了拉美航空股票，现在只剩49美元；如果你买AIG的股票，现在剩12美元；如果你买了房地美的股票，现在剩0.5美元；而如果你买的是百威啤酒，喝完酒把啤酒罐卖掉的话，可以得214美元，还能享受一夏天的冰凉啤酒。所以现在最好的投资是花钱买啤酒然后卖啤酒罐。

在经济发展趋势无法确定的情况下，投资者不论投入多少，都可能因不可避免的波动产生恐慌；而啤酒罐的收益值虽然不可能一夜飙升，但至少比较稳定。所以，在当前变数诸多的环境中，与其提心吊胆地赌一把，不如把钱放进一些较平稳的行当让它稳步升值。了解风险，降低风险就成了投资者成功投资的关键。

投资的一个重要作用是在既定的收益水平下尽量降低风险，或者在相同风险程度下尽量提高收益率，因此认清投资产品的风险，按照自身可接受的风险水平合理选择是投资的关键。投资有风险，收益越高，风险越大，但不投资也会有风险，通货膨胀会造成风险，少赚也会有风险。所以不要害怕风险，重要的是一定要了解你投资的品种风险有多大，只有了解了风险度，才能规避风险。

想要降低投资中的风险，首先就要正确评估自身可承受的风险水平。投资者在进行投资前主要从两个方面评估自身可承受风险的水平。一是风险承受能力，投资者可以从年龄、就业状况、收入水平及稳定性、家庭负担、置产状况、投资经验与知识，估算出自身风险承受能力。一般而言，退休家庭、老年层次的家庭，还有中低收入人群，风险承受能力较差，可以做一些低风险产品配置。而单身白领和中高收入家庭风险承受能力较强，可投资高风险产品。二是风险承受态度，即风险偏好，可以按照自身对本金损失可容忍的损失幅度及其他心理测验估算出来。

投资要做到知己知彼。“知彼”就是要了解市场的投资工具，比如基金、国债、保险等，以及市场的整体走势，还要构建家庭资产的合理组合。有时这一年基金和股市都很好，有的基金收益率达到70%、80%，甚至达到100%以上，但问题是，下一年还能保证有80%的收益吗？收益80%的基金占用了家庭收入的多少？如果过高，且投资股票型基金的比例又比较大，这就为家庭投资带来了很高的风险；但如果相对于家庭收入，投资过少，即使有80%的收益率，对于家庭也不会有明显的贡献，所以家庭收入合理分配以及家庭资产合理组合是重要问题。一般家庭，应用不超过家庭收入的40%供房，30%用于日常支出，20%用于流动性较强的金融资产如活期、定期储蓄，货币型基金等，10%用于各类保险及风险较高的投资。这种组合，既可保证家庭较高的收益，又可防范投资风险。此外家庭投资还要根据家庭成员的年龄、构成等因素进行合理组合。

除了要有适合自己的投资策略以外，投资者的心理素质也很重要。如果不断地选股、换股、再选股、再换股，如此循环下去，最终结局可能是亏钱，或者赚得很少，整个投资过程中的心态也会越来越糟。因此，无论遇到什么样的市场情况，投资者保持良好的心态是非常重要的。

许多人把风险等同于损失，实际上这是一个认识上的误区。金融投资中的风险，就是一种不确定性，即每年的实际投资率相对于预期年收益率的上下波动程度，向上超出的收益和向下缺少的部分都是风险。

死灰复燃的庞氏骗局

2008 年金融海啸中，美国华尔街传奇人物、纳斯达克股票市场公司前董事会主席伯纳德·麦道夫因涉嫌证券欺诈遭警方逮捕，检察人员指控给投资者损失约 500 亿美元。麦道夫承认，自己炮制的是一个巨型金字塔层压式“庞氏骗局”，前后共诈骗客户 500 亿美元。

麦氏欺诈手法并不新鲜，用高额回报引诱投资者，同时用后来投资者资金偿付前期投资者。然而，上当受骗者中却不乏美国投资老手和金融巨头。

麦道夫 1960 年成立“伯纳德·L. 麦道夫投资证券公司”，他非常善于为自己营造神秘氛围。多年来，麦氏通过这家公司下属的秘密资本管理分支机构，利用广泛人脉，骗取投资。麦道夫的客户包括富豪、对冲基金、大型机构投资者，甚至欧洲的一些银行。在很多投资老手看来，向麦道夫公司投资，他们担心的不是损失金钱，而是损失赚钱的机会。

“庞氏骗局”是一种最古老和最常见的投资诈骗，这种骗术因一个名叫查尔斯·庞齐的投机商人而得名。

庞齐是生活在 19 至 20 世纪的意大利裔投机商，1903 年移民到美国，1919 年他欺骗投资者向一个事实上子虚乌有的企业投资，许诺投资者将在 3 个月内得到 40%的利润回报，然后，庞齐把新投资者的钱作为快速赢利付给最初投资的人，以诱使更多的人上当，由于前期投资的人回报丰厚，庞齐成功地在 7 个月内吸引了约 4 万名投资者，这场阴谋持续了一年之久，骗取金额达 1500 万美元，才让被利益冲昏头脑的人们清醒过来。后人把这种诈骗方式称为“庞氏骗局”，后来的许多骗术都是从“庞氏骗局”衍生出来的，很多非法的传销集团就是用这一招聚敛钱财的。

各种各样的“庞氏骗局”虽然五花八门，但本质上都具有自“老祖宗”庞齐身上沿袭的一脉相承的共性特征。

首先是低风险、高回报的反投资规律特征。众所周知，风险与回报成正比乃投资铁律，“庞氏骗局”反其道而行之。骗子们以较高的回报率吸引不明真相的投资者，而从不强调投资的风险因素。

其次是拆东墙补西墙的资金腾挪回补特征。骗子们总是力图扩大客户的范围，拓宽吸收资金的规模，以获得资金腾挪回补的足够空间。大多数骗子从不拒绝新增资金的加入，因为蛋糕做大了，不仅攫取的利益更为可观，而且资金链断裂的风险降低，骗局持续的时间可延长。

骗子们竭力渲染投资的神秘性，将投资诀窍秘而不宣，努力塑造自己的“天才”或“专家”形象。实际上，由于缺乏真实投资和生产的支持，骗子们根本没有可供仔细推敲的“生财之道”，所以尽量保持投资的神秘性，宣扬投资的不可复制性是其避免外界质疑的有效招数之一。当年《波士顿环球时报》的记者曾经撰文揭露庞齐的骗局，却被庞齐以“不懂金融投资”为由加以批驳。麦道夫也故弄玄虚，从来不向别人交代每年稳赚10%的投资诀窍。

为了支付先加入投资者的高额回报，“庞氏骗局”必须不断地发展下线，通过利诱、劝说、亲情、人脉等方式吸引越来越多的投资者参与，从而形成“金字塔”式的投资者结构。塔尖的少数知情者通过榨取塔底和塔中的大量参与者而谋利，而组成“塔基”的大众终将血本无归。

“庞氏骗局”的高回报没有实际来源，是虚幻的，这告诫投资者不要偏听偏信所谓的承诺，要对投资对象进行可行性分析，尽量详尽地了解其回报来源，对风险和收益要有匹配意识，幻想一夜暴富、在短时间内集聚财富是危险的。

警惕泡沫经济破碎

1714 年，英国政府因为打仗欠了 1000 万英镑的债务，英国政府找上南海公司，大量发行股票，换成钞票，同时授权南海公司垄断了对西班牙的贸易权。南海公司对外鼓吹其利润的高速增长，从而引发了对南海股票的空前热潮，投资人见有利可图，就争相抢购。1720 年 7 月初南海公司股票飙升到 950 英镑。

1720 年，英国国会通过《泡沫法》对新公司的设立及新股票的发行实行严格管制。由于没有实体经济的支持，年底，南海公司股价跌到 125 英镑，许多投资人血本无归，丧失养老金，造成严重的社会问题，政府信用一落千丈。科学家牛顿也是受害者之一，他第一次买进 7000 英镑，赚了一倍；第二次买进时已是股价高峰，让他亏损 2 万英镑。牛顿感叹道："我能算准天体的运行，却无法预测人类的疯狂。"

泡沫经济，是指虚拟资本过度增长与相关交易持续膨胀日益脱离实物资本的增长和实业部门的成长，金融证券、地产价格飞涨，投机交易极为活跃的经济现象。泡沫经济寓于金融投机，造成社会经济的虚假繁荣，最后必定泡沫破灭，导致社会震荡，甚至经济崩溃。

正常情况下，资金的运行应当反映实体资本和实业部门的运行状况。只要金融存在，金融投机就必然存在。如果金融投机交易过度膨胀，同实体资本和实业部门的成长脱离越来越远，便会造成社会经济的虚假繁荣，形成泡沫经济。

泡沫经济与经济泡沫既有区别，又有一定联系。经济泡沫是市场中普遍存在的一种经济现象，是指经济成长过程中出现的一些非实体经济因素，如金融证券、债券、地价和金融投机交易等，只要控制在适度的范围内，对活跃市场经济有利。但当经济泡沫过多，过度膨胀，严重脱离实体资本和实业发展需要的时候，就会演变成虚假繁荣的泡沫经济。可见，泡沫经济是个贬义词，而经济泡沫则是中性的。所以，不能把经济泡沫与泡沫经济简单地画等号，既要承认经济泡沫存在的客观必然性，又要防止经济泡沫过度膨胀演变成泡沫经济。

泡沫经济都是发生在国家对银根放得比较松，经济发展速度比较快的阶段，社会经济表面上呈现繁荣，给泡沫经济提供了炒作的资金来源。商品经济具有周期特点，每当经过一轮经济萧条之后，政府为启动经济增长，常降低利息，放松银根，刺激投资和消费需求。一些手中握有资金的企业和个人首先想到的是把这些资金投到有保值增值潜力的资源上，这就是泡沫经济成长的社会基础。

到目前为止，社会对泡沫经济的形成和发展缺乏有效的约束机制。对泡沫经济的形成和发展进行约束，关键是对促进经济泡沫成长的各种投机活动进行监督和控制，但到目前为止，社会还缺乏这种监控的手段。

经济泡沫之所以会长期存在，主要是由其作用的二重性所决定的。一方面，经济泡沫的存在有利于资本集中，促进竞争，活跃市场，繁荣经济。另一方面，经济泡沫中又存在不实因素和投机等消极成分。一旦泡沫破灭，会给社会经济带来巨大危害。

异军突起的虚拟经济

2003年，美国林登实验室推出了一个网络游戏虚拟平台，名为Second Life。在这里，玩家可以制造一切自己愿意制造的东西，营造一个与现实社会平行的虚拟社会。

Second Life有自己的经济体系和一种叫“林登币”的货币。玩家可以在货币交易所把美元等现实世界中的货币与“林登币”兑换。目前，汇率基本维持在1美元兑换270“林登币”。

一小部分玩家可以在这种经济体系下每月获得几百至几千美元不等的净收入，比如游戏中大名鼎鼎的首富就是一位中国女性，她的产业是制造虚拟旗袍，并借此拥有百万美元的身价。

在经济运行中，“实体经济”是用于描述物质资料生产、销售及直接为此提供劳务所形成的经济活动的概念，它主要包括农业、工业、交通运输业、商业、建筑业、邮电业等产业部门；“虚拟经济”则是用于描述以票券方式持有权和交易权所形成的经济活动的概念，它主要指金融业。

虚拟经济具有经济性和虚拟性。

所谓经济性，就是指价值符号及它们的交换也以劳动价值为基础，没有价值及价值交换就与经济沾不上边，也就谈不上经济性；并且，价值符号还可以还原为价值实体，即从虚拟走向现实。无论是纸币，还是股票、电子货币、其他各种有价票证，它们的发行和流通基础就是价值和信誉，它们代表的是实体价值，还可以为实体经济服务。而信誉作为价值符号的发行基础存在很大的风险。

所谓虚拟性，是指它的交换物在形态上是虚拟的而非实物，它只是以价值符号为交易对象，而不以实物为交易对象。纸币不是价值实体，而是一种价值符号；这种符号又脱离了价值实体，成了实体价值的影子。当价值符号脱离价值实体较长时间，并且在这个时间内完成了投机性交易，就使这种脱离成了价值的另一种存在方式，即价值的游离存在方式，这就是虚拟现实。

信息在虚拟经济活动中有着重要的作用。公开、透明虽然是发达市场经济的基本原则，但是，掌握信息则存在差异。对虚拟经济交易活动，信息的不对称成为交易利润产生的重要基础。虚拟经济活动中的高手就善于利用信息、信誉、未来前景等来创造利润。信息转化为利润是一个客观的经济现象。信息是人类社会劳动实践的反映和结晶，也是劳动产品，应该具有价值，只是其价值量难以精确测度，只能在交易中由交易双方共同认定。信息价值的认定和交易的完成，就实现了信息从非商品向商品的转化。信息被大量挖掘、使用和交易并创造利润，是信息社会的主要特征。

虚拟经济是市场经济高度发达的产物，以服务于实体经济为最终目的。随着虚拟经济迅速发展，其规模已超过实体经济，成为与实体经济相对独立的经济范畴。与实体经济相比，虚拟经济明显的特征，概括起来，主要表现为高度流动性、不稳定性、高风险性和高投机性四个方面。

虚拟经济中的虚假成分是引发金融风险甚至金融危机的重要根源。虚拟经济并非虚假经济。虚拟经济建立在实体经济的基础上，虚拟经济中所发生的诸多虚假，与实体经济的虚假有着千丝万缕的联系，在大多数场合，前者主要是由后者引致的。

第六章 透过博弈看世界

博弈，是人们在平等的对局中各自利用对方的策略变换自己的对抗策略，达到取胜的目的。作为理性的“经济人”，只有经过博弈，才能使自己的收益最大化。人与人之间、企业与企业之间、国家与国家之间无时无刻不在进行着博弈，每个经济行为背后都闪烁着博弈论的智慧。

什么是博弈

2014年以来，最令外界关注的一对大国关系无疑是美国和俄罗斯之间的剑拔弩张。围绕着乌克兰危机，美国已经对俄罗斯实施了多轮经济制裁，意图通过经济手段逼迫俄罗斯妥协退让。

美俄关系因乌克兰危机而恶化。亲近俄罗斯的乌克兰原总统亚努科维奇下台后，乌克兰现任领导层倾向西方，令俄罗斯感到新的地缘政治压力，采取了一系列反制措施。俄罗斯总统普京在年度记者会上形容说，西方对俄罗斯的态度如同“用锁链拴住熊”。

美国试图说服欧洲，谋求建立起针对俄罗斯的“制裁战线”。俄罗斯被逐出八国集团，西方国家也对俄罗斯实施了制裁，虽然欧洲大国对制裁俄罗斯的经济后果有所顾虑，但大体上还是在跟随美国的步调。

从俄方角度看，国际油价暴跌，卢布贬值，令俄罗斯经济雪上加霜。在经济面临挑战的时刻，俄军方仍采取积极备战态势，大幅提高军费开支。但俄罗斯高层清楚，与美国等西方国家采取军事对抗并不明智。希望缓和与美国等西方国家的对抗关系，进而改善经济状况仍是俄罗斯的长远目的。但短期内俄方预料不会明显软化对美国等西方国家的强硬态度。

从美方角度看，虽然因乌克兰等问题与俄罗斯日趋对立，但美国也不希望与俄罗斯发生正面军事对抗，奥巴马政府却也不急于改善对俄关系，而是继续以制裁警告俄罗斯不可在乌克兰等问题上“轻举妄动”，并继续推动和其他西方国家对俄制裁政策的沟通协调。

然而最新民调显示，尽管俄经济面临困难，普京的支持率仍在80%以上。同时公布的另一份民调却显示美国总统奥巴马的支持率滑落至42%。另外普京在实施个人意志、推动具体策略等方面与奥巴马相比或许仍具有更大优势，从多个角度看未来美俄关系的前景依然存在诸多不确定因素，但美俄两国总体上仍有基本共识，即不会让紧张态势失控。

美国与俄罗斯之间的争斗用经济学的眼光来看就是“博弈”。我们生活在这个世界上，不可避免地要与他人打交道，这是一个利益交换的过程，也就无可避免地要面对各种矛盾和冲突。而博弈，就是个人或组织在一定的环境条件与既定的规则下，同时或先后，进行一次或多次的选择策略并实施，从而得到某种结果的过程。

形成一个博弈有四个要素。首先，博弈要有两个或两个以上的“参与者”。从经济学的角度来看，如果是一个人做决策而不受他人干扰，那就是一个“最优化问题”，也就是一个人或一个企业在一定形势下决策的问题。最简单最优化的例子就是：如果某位吸烟者有妻子或女友，而她是讨厌抽烟的人，这就有可能形成一个“博弈”。这也就是，博弈者的身边有具有主观能动性的决策者，他们的选择与其他博弈者的选择相互作用、相互影响。

其次，博弈要有参与各方争夺的“资源”或“收益”。资源指的不仅仅是自然资源，如矿山、石油、土地等，还包括各种社会资源，如人脉、信誉、学历、职位等。利益的争夺是博弈的目的，也是形成博弈的基础，参与博弈的人是为了自身收益的最大化而互相争斗。参与博弈的各方形成相互竞争相互对抗的关系，以争得利益的多少决定胜负，一定的外部条件又决定了竞争和对抗的具体形式，这就形成了博弈。如象棋对弈的参与者是以将对方的军为目标，古罗马角斗士争夺两人中仅有的一个生存权，而企业经营的目的是生存发展。但不可否认，博弈者之间也包含着合作的潜力。

再次，博弈的参与者有自己能够选择的“策略”。所谓策略，指的是直接实用的针对某一个具体问题所采取的应对方式。策略选择时先要对局势和整体状况进行分析，确定局势特征，找出其中关键因素，然后在最重要的目标上进行策略选择。

最后，博弈的参与者必须拥有一定量的“信息”。在乌克兰问题上，美国和俄国都知道双方的底线，那就是“不要亲自参与战争”。美国通过拉拢欧洲国家，对俄罗斯进行经济制裁，而俄罗斯则在天然气问题上与欧洲讨价还价，并联合中国打破美国的封锁。两国都明白对方的策略，用博弈论的术语来说，就是“俄罗斯知道美国知道自己的策略，美国亦然”。而这正是博弈双方所掌握的信息。同时两国也利用各种间谍活动，试图了解对方的政治、外交和军事政策，为自己的决策寻找依据。

每个博弈者在决定采取何种行动时，不但要根据自身的利益和目的行事，还必须考虑决策行为对其他人的可能影响，以及其他人的反应行为的可能后果，通过选择最佳行动计划，来寻求收益或效用最大化。因此博弈是经济学研究中的一个重要问题，懂得博弈的人会在竞争中占得先机。

人们为什么合作

伊克人从前是在乌干达北方山谷里采集、打猎的游牧民族，政府决定在那里开辟一个国家公园，于是，他们为法律所迫，不再在山谷间打猎，而成了耕种于山岭薄地的农民。生活环境和生活方式的变化，摧毁了他们原有的社会规范，伊克人因此把自己变成了一群不可救药的、让人讨厌的人，他们六亲不认、极端自私、毫无爱心。

美国生物学家刘易斯·托马斯在《细胞生命的礼赞》一书记载了这个可悲的民族：这些人似乎生活在一起，聚集在密集的小村子里，但他们实际上是孤寂的、互不联系的个人，没有明显的互相利用。他们也说话，但说出的只是些粗暴的强求和冰冷的回绝。他们什么东西都不共享，从来不歌唱。孩子一旦能走路了，就把他们赶出家门去抢劫。只要可能，随时都会把老年人抛弃，让他们饿死。行劫的孩子从无能为力的老人嘴边抢走食物。

他们生儿育女时毫无爱心，甚至连粗疏的照顾都没有。他们在彼此的大门口排便。他们对邻居幸灾乐祸，只是见到别人不幸时他们才笑。他们常常笑，也就是常常有人倒霉。

伊克人因此成为文学上的一个象征，用来代表整个人类失去信心、失去人情味后的命运将是什么。

个体对自身利益的追求会损害整体的利益。正如“鹬蚌相争”的故事所揭示的：在对手的背后，往往还有更大的、共同的敌人。

在什么条件下才能在没有集权的利己主义者中产生合作？这个问题已经困惑人们很长时间。大家都知道人不是天使，他们往往首先关心自己的利益。然而，合作现象到处可见，它是文明的基础。那么，在每一个人都有自私动机的情况下，怎样才能产生合作呢？我们对这个问题的回答极大地影响了我们在与他人的社会、政治、经济交往时的思维和行为。

最著名的回答是由托马斯·霍布斯给出的。他悲观地认为，在有政府存在之前，自然王国充满着由自私的个体的残酷竞争引发的矛盾，生活显得“孤独、贫穷、肮脏、野蛮和浅薄”。按照他的观点，没有集权的合作是不可能产生的。因此，一个有力的政府是必要的。

今天，世界各个国家在没有统一领导的情况下交往，因此，产生合作的必要条件就与国际政治的许多中心问题有关。最重要的就是安全困境：国家往往通过那些威胁到其他国家安全的手段来寻求自身的安全。这个问题体现在区域冲突和军备竞赛上。

在日常生活中，我们会问自己还要请多少次那些从来不回请我们的客人来就餐，一个机构的管理者为了得到一些回报而给另一位管理者提供帮助，一个得到绝密消息的新闻记者为了得到进一步的消息而对来源保密，如果只有两个公司同时生产一个产品，一个公司定较高的价格是为了期望另一个公司也能保持高价，因为这样，双方都能得到好处（当然消费者吃亏了）。

合作中存在一个根本问题，两个工业国家之间相互设置贸易壁垒便是一个很好的例子。由于自由贸易能给双方带来好处，因此，如果两个国家消除这些贸易壁垒都能受益。问题是，无论谁单方面采取行动消除自己一方的贸易壁垒，它都会发现自己处于不利于本国经济的贸易状态下。事实上，不论一个国家如何做，另一个国家保持它的贸易壁垒总是比较有利的。因此，每一个国家都有利益动机来保持贸易壁垒，尽管由此带来的结果比双方都合作差得多。

烟草商不反对禁烟广告

20世纪60年代，美国烟草行业竞争激烈，为了争夺市场，各大烟草公司都必须耗费巨额费用大做广告，这无疑降低了它们的利润水平。也就是说，如果烟草公司都不做广告，它们的利润要更高。可是，如果其中一家公司不做广告，它的市场份额就会被其他公司抢走。

1971年，出于公共卫生考虑，美国国会通过了禁止在电视上做烟草广告的法律。令许多人奇怪的是，财大气粗的各大烟草公司反应相当平静，并没有动用其庞大的社会资源和影响力阻止这个法律的通过。政府管制最终的结果是，尽管烟草广告因受到限制而减少，可是烟草公司的利润却提高了。

为什么烟草企业不能自己减少广告支出呢？这是因为在禁令出台以前的美国烟草公司已经陷入“囚徒困境”。

为了理解“囚徒困境”，我们先来看一个小故事：

有一天，一位富翁在家中被杀，财物被盗。警方在此案的侦破中，抓到两个犯罪嫌疑人，并从他们的住处搜出被害人家中丢失的财物。但是，他们都矢口否认杀过人，辩称是先发现富翁被杀，然后只是顺手牵羊偷了点儿东西。于是警方将两人隔离审讯。

聪明的警官找他们谈话，分别告诉他们说：“你的偷盗罪确凿，无论如何可以判你 2 年刑期。但是，我可以和你做个交易：如果你承认自己犯了杀人罪，我可以向法官求情，你只用坐 5 年牢；如果你不承认杀人，而那个人同意做证人指证你的话，你将被终身监禁，而他可以被立刻假释出狱。”

对两个嫌疑犯来说，最好的结果就是不承认，这样坐 2 年牢就可以了。但是他们想了想，都承认了自己杀人的罪行。

为什么两个人都选择了“招供”，傻到接受这种最坏的结果呢？首先我们必须明确的是，两个嫌疑犯都是自利理性的个人，即只要给出两种可选的策略，每一方将总是选择其中对他更有利的那种策略；同时两人无法沟通，必须在不知道对方所选结果的情况下独自选择。

那么囚犯甲的内心活动是这样：假如乙招了，我不招，我就要将牢底坐穿，招了最多坐 5 年，还是招了合算；假如乙不招，我也不招，只坐 2 年牢；如果我招，乙不招，我马上被释放，也是招了合算。因此，无论囚犯乙是坦白还是沉默，囚犯甲采取坦白的策略对自己都更为有利。同样，以上推理也适用于囚犯乙。结果两个囚徒都坦白了，都被判刑 5 年。

1950 年，担任斯坦福大学客座教授的数学家图克向一些心理学家解释他正在研究的完全信息静态博弈问题，用两个犯罪嫌疑人的故事构造了一个博弈模型，即囚徒困境模型。由于囚徒困境的模型是如此有趣和简洁，不仅给人们留下了深刻的印象，而且迅速传播开来，成为一个被人们广为谈论和研究的博弈模型。

美国的烟草企业在禁令出台以前，和两个囚犯的遇到的困境是一样的。某公司放弃做广告，而其他公司仍然大做广告抢占市场，放弃做广告的公司必然利益受损。在这种情况下，做广告就是每一个烟草公司的优势策略。即使烟草公司能够达成都不做广告的协议，但是这个协议的约束力太低，并不能将烟草行业从广告战的泥潭中解救出来。

这个时候国家出台法令对于烟草行业来说反而是个好事，烟草公司自己做不到的事情，政府做到了。因为国家法律具有强制作用，相当于是烟草集团之间签订了极具约束力的协议，同时政府承担了监督烟草公司是否违反协议的成本。

在资本主义早期，成千上万的小私有者投资工商业作为谋生手段，亚当·斯密正是在这种背景下才假设经济个体行为不会影响其他个体行为，并推断出个体利益最大化也就是社会利益的最大化。后来资本的高度集中使其日益脱离生产，变为纯粹攫取利润的工具，理论模型开始注意经济生活中各利益主体之间的相互影响。一种研究经济个体如何在复杂的竞争关系中使自身利益最大化的理论“经济博弈论”应运而生。

一旦陷入“囚徒困境”，其中任何一方都无法独善其身，即使双方都有合作意愿，也很难达成合作。“囚徒困境”本身推翻了自由经济主义存在的理论基础。“囚徒困境”揭示：个体理性的选择与群体理性选择之间的矛盾，从个体利益出发的行为往往不能实现团体的最大利益；市场理性本身的内在矛盾，从个体理性出发的行为最终也不一定能真正实现个体的最大利益，甚至会得到相当差的结果。从“囚徒困境”及其变形模型中，可以证明：在人们的相互交往中，每个行为主体的利己决策结果，可能是有效率的，也可能是无效率的，但多次重复这种决策肯定是低效率的。它实际上证明了亚当·斯密 200 年前提出的每个人自私自利就可以实现社会最大福利的假设的不可实现性。在现代市场经济中，人们在多次交往或者重复博弈后发现，遵循平等合作规则要比通过欺诈获得少数几次不义之财更有利。如果一直按照工业社会的传统规则博弈下去，人类将面临“一切人坑害一切人”的社会。但是外力干预则可以很容易打破这种困境，这就是政府在经济活动中的作用。

针锋相对最有效

旅美作家林达讲过这样一个故事。

在美国，售报机都是一个铁盒子。所有的报纸都在里面，放一个硬币就可以全部打开，取一张之后再把它关上。作者说他第一次买报的时候，塞进硬币，一拉开盖子，发现所有的报纸都在他面前时，吓了一跳。因为根据他在中国的经验，这样的设计会使报纸几下子就被人拿光。但是，这是根据美国的国情设计的，美国人不会扔一个硬币拿两份报纸。而且作者很快发现了例外，中国人聚居地的饭店、商店门口，就是一种特殊的售报机，一个硬币只能拿一张报纸。关于此事，在美国的华人报纸上引发了诸多议论，其中一个华人讲述了在半小时里，他如何眼睁睁地看着同胞们“免费”取光了一大堆报纸。

从“囚徒困境”的分析得知，合作比不合作对双方更有利，但是如果有人蓄意破坏合作，那么他可能暂时获得更大的利益。也就是说，在信息不完全的情况下，合作是不稳定的。如果没有外部强制力，参与者采取什么样的策略才可以更好地维持合作的稳定性呢?

对于这个问题，有这样一种答案。如果一方采取不合作的策略，另一方随即也采取不合作策略并且永远采取不合作策略，在博弈论里叫触发策略或冷酷策略。如果对方知道你的策略是触发策略，那么对方将不敢采取不合作策略，因为一旦他采取了不合作策略，双方便永远进入不合作的困境。因此，只要有人采取触发策略，那么双方均愿意采取合作策略。但是这个策略面临着这样一个问题：如果双方存在误解，或者由于一方发生选择错误，这个错误是无意的，那么结果将是双方均采取不合作的策略。也就是说，这种策略不给对方改正错误或解释错误的机会。比如针对华人的售报机，就不太可能改回原来的样子。

有没有更好的策略呢？美国密西根大学的罗伯特·爱克斯罗德教授通过发起一个比赛，找到了答案。

爱克斯罗德设定了两个前提：每个人都是自私的；没有权威干预个人决策。也就是说，个人完全可以按照自己利益最大化决策。在此前提下，合作要研究的问题是：人为什么要合作；人什么时候是合作的，什么时候又是不合作的；如何使别人与你合作。他邀请了一些政治学家、数学家、经济学家和社会学家，请他们编制一些程序，让程序们做“囚徒困境”的游戏，结果得分最高的是加拿大多伦多大学的罗伯布编写的“针锋相对策略”程序。这个程序的特点是，第一次对局采用合作的策略，以后每一步都跟随对方上一步的策略：你上一次合作，我这一次就合作，你上一次不合作，我这一次就不合作。爱克斯罗德还发现，得分排在前面的程序有三个特点：第一，从不首先背叛，即“善良的”；第二，对于对方的背叛行为一定要报复，不能总是合作，即“可激怒的”；第三，不能对方一次背叛，你就没完没了地报复，以后对方只要改为合作，你也要合作，即“宽容的”。

此外，好的策略还必须具有的一个特点是“清晰性”，能让对方在三五步对局内辨识出来，太复杂的对策不见得好。针锋相对策略就有很好的清晰性，让对方很快发现规律，从而不得不采取合作的态度。

针锋相对策略的优越性向我们充分展示了一个纯粹自利的人何以会选择善，只因为合作是自我利益最大化的必要手段。在博弈中过分复杂的策略使得对手难于理解，无所适从，因而难以建立稳定的合作关系，明晰的个性、简练的作风和坦诚的态度是制胜的要诀。

二虎相争必有一伤

第二次世界大战结束后，形成了对峙的两个超级大国：美国和苏联。这两个超级大国是两个核心，在其周围有各自的盟友，它们一起组成了两大敌对的阵营。

1959 年，菲德尔·卡斯特罗领导的古巴人民革命取得了胜利，推翻了巴蒂斯塔独裁政权。由于卡斯特罗不愿意成为美国的附庸，美国竟然宣布同古巴断绝外交关系。同时，从经济上开始对古巴进行制裁，把一个完全依靠生产和销售糖类来维持国计民生的国家严密地封锁起来，使它的食糖卖不出去，企图通过卡断经济命脉来扼杀年轻的古巴共和国。

古巴受到了美国的压力，卡斯特罗需要苏联的强力支持。苏联领导人赫鲁晓夫抓住这个机会，决定在古巴部署可以搭载核弹头的中程导弹，这样就可以避开美国的预警系统。然而苏联的行动被美国的U—2 飞机侦察到了，美国发现古巴建立了导弹发射场。此事震动美国，肯尼迪总统指责苏联，并发出严重警告，而苏联方面矢口否认。美国决定对古巴进行军事封锁，派遣了舰艇、空军及航空母舰，并集结了登陆部队。美国进入戒备状态，美苏之间的战争一触即发。这就是震惊世界的“古巴导弹危机”。

在这场危机中，美苏两国就像两只斗鸡，谁也不愿认输。

试想有两只实力相当的斗鸡狭路相逢，每只斗鸡都有两个行动选择：退下来或者进攻。如果斗鸡甲退下来，而斗鸡乙没有退，那么乙获得胜利，甲则很丢面子；如果乙也退下来则双方打个平手；如果甲没退，而乙退下去，那么甲则胜利，乙失败；如果两只斗鸡都前进，那么将两败俱伤。因此，对每只斗鸡来说，最好的结果是，对方退下去，而自己不退。但是这种追求可能导致两败俱伤的结果。

博弈论中有个“纳什均衡”的概念。在纳什均衡的状态下，没有任何参与者可以独自行动而增加收益。如果博弈有唯一的纳什均衡点，那么这个博弈是可预测的，均衡点就是事先知道的唯一的博弈结果。但是如果一场博弈有两个或两个以上的纳什均衡点，那就无法预测出一个结果来。斗鸡博弈就有两个纳什均衡：一方前进，另一方后退，但关键是谁进、谁退？因此，我们无法预测斗鸡博弈的结果，即不能知道谁进谁退，谁输谁赢。由此看来，斗鸡博弈描述的便是两个强者在对抗冲突的时候，如何能让自己占据优势，力争得到最大收益，确保损失最小。

这就像武侠小说中所描写两大高手比试内力一样，当两人以内力对决的时候，每个人都欲罢不能，因为对方的内力正源源不断地攻来，自己一撤内力则非死即伤；而对方呢，处境一点儿不比自己强。两个人这样僵持的局面就是一个纳什均衡。当然，两个人不进入或退出这种比试内力的境地可能也是一个均衡。退出对决僵持状态在小说中一般需要借助外力或者二人凑巧同时撤回内力才能达到。

收债人与债务人之间的博弈也类似于斗鸡博弈。假如债权人 A 与债务人 B 双方实力相当，债权债务关系明确，B 欠 A100 元，金额可协商，若合作达成妥协，A 可获 90 元，减免 B 债务 10 元，B 可获 10 元。

如一方强硬，一方妥协，则强硬方收益为100元，而妥协方收益为0元；如双方强硬，发生暴力冲突，A不但收不回债务还受伤，医疗费用损失100元，则A的收益为－200元，也就是不仅100元债收不回，反而倒贴100元，B则是损失了100元。

因此，A、B各有两种战略：妥协或强硬。每一方选择自己最优战略时都假定对方战略给定：若A妥协，则B强硬是最优战略；若B妥协，A强硬将获更大收益。于是双方都强硬，企图获100元的收益，却不曾考虑这一行动会给自己和对方带来负效益100元。

这场博弈有两个纳什均衡，A收益为100元，B收益为0元，或反之，这显然比不上集体理性下的收益支付，A、B皆妥协，收益支付分别为90元、10元。也就是债权人与债务人为追求利益最大化，会选择不合作，从某种意义上说双方陷入了“囚徒困境”。

在斗鸡博弈中，只有一方先撤退，才能双方获利。特别是占据优势的一方，如果具有这种以退求进的智慧，提供给对方回旋的余地，也将给自己带来胜利，那么双方都成为利益的获得者。古巴导弹危机爆发一周后，赫鲁晓夫宣布撤回部署在古巴的导弹，美国也取消了对古巴的封锁，并撤回了部署在土耳其、足以威胁苏联的导弹。全世界都松了一口气。

赫鲁晓夫之所以“认输”，是因为在反复权衡下，他认识到美国的国力和军事实力更胜一筹，一旦爆发战争，自己的损失会更大。由此我们可以看出，在现实中运用博弈论中的斗鸡定律，是要遵循一定条件和规则的。哪一只斗鸡前进，哪一只斗鸡后退，不是谁先说就听谁的，而是要进行实力的比较，谁稍微强大，谁就有更多的前进机会。但这种前进并不是没有限制的，而是前进和后退都有一定的距离，这个距离是两只斗鸡都能够接受的。一旦超过了这个界限，只要有一只斗鸡接受不了，那么斗鸡博弈中的严格优势策略也就不复存在了。这也是美国在解除了对古巴的封锁之后，还撤出部署在土耳其的导弹的原因。

有时候，双方都明白二虎相争必有一伤的道理，却谁都不愿意成为牺牲者，可是他们往往又过于自负，觉得自己会取得胜利。所以，只要把形势说明，让他明白没有稳操胜券的能力，僵持不下的斗鸡博弈就会被化解了。

以小博大的“智猪博弈”

立邦公司是世界知名的涂料业巨头，它在中国的成功是其能跻身全球涂料业前十强的主要原因。从1992年进入中国，立邦以巨资培育中国建筑涂料市场，让广大消费者了解“乳胶漆”产品。现在，“立邦”已成为水性建筑涂料的代名词，销量占10%以上的市场份额。

随后，立邦公司又进入品牌众多、市场成熟的油性木器漆领域。令人不解的是，更为优质的水性木器漆在美欧发达国家的普及率已经高达50%以上，而在中国不到1%，立邦在技术上有优势，在资金上有实力，为什么只做落后的油性木器漆呢?

实际上，这是立邦的无奈之举。在水性建筑涂料市场上，立邦的占有率与投入根本不相称。不仅市场上“香港立邦”“日本立邦”等假冒品牌层出不穷，竞争对手旗下的多乐士贴身紧逼，宣威、来威等全球十强的涂料品牌也纷纷抢食分羹，让作为先行者的立邦头痛不已。有了水性涂料的教训，立邦公司开始改变战略，坚持不在中国推广水性木器漆，铁了心不做吃力不讨好的市场培育者。

博弈论里有个十分卡通化的博弈模型，叫“智猪博弈”，说的是笼子里有两只猪，一只大，一只小。笼子很长，一头有一个按钮，另一头是饲料的出口和食槽。按一下按钮，将有相当于 10 个单位的猪食流进食槽，按下按钮后跑到食槽需要付出的“劳动”要消耗相当于 2 个单位的猪食。如果两只猪同时按按钮，再一起跑过去吃，大猪吃到 7 个单位，小猪吃到 3 个单位，减去劳动耗费 2 个单位，大猪净得益 5 个单位，小猪净得益 1 个单位。大猪按按钮，小猪等着先吃，大猪再赶过去吃，大猪吃到 6 个单位，去掉劳动耗费 2 个单位净得 4 个单位，小猪也吃到 4 个单位。如果小猪按按钮，大猪等着先吃，大猪吃到 9 个单位，小猪吃到 1 个单位，再减去按按钮的劳动耗费，小猪是净亏损 1 个单位。如果大家都等待，结果是谁都吃不到。

容易知道，“等待”是小猪的优势策略，“按按钮”是小猪的劣势策略。由于小猪有“等待”这个优势策略，大猪只剩下了两个选择：等待一份不得；按按钮得到 4 份。所以“等待”就变成了大猪的劣势策略。这样就得到智猪博弈最后出现的结局：大猪来回在猪笼里奔波，小猪则坐享其成。其结论似乎是，在一个双方公平、公正、合理和公享的竞争环境中，有时占优势的一方最终得到的结果却有悖于他的初始理性。

智猪博弈模型可以扩展到各个方面，不论是在战争中还是商业竞争中，都会看到类似智猪博弈的情况。

在国际生活中，正如亨利·基辛格在《大外交》中所指出的：几乎是某种自然定律，每一世纪似乎总会出现一个有实力、有意志，且有知识与道德动力，希图根据其本身的价值观来塑造整个国际体系的国家。而这样的国家，也就责无旁贷地担当起国际事务中的“大猪”角色。例如，从 17 世纪到 18 世纪，“大猪”的位置先后由法国和英国占据。到了 19 世纪，梅特涅领导下的奥地利则重新建构了“欧洲协调”，但是这种主导地位不久便让给了俾斯麦主政下的德国。到了 20 世纪，最能左右国际关系的国家则非美国莫属，再没有任何一个国家能够像美国一样，如此一厢情愿地认定自己负有在全球推广其价值观的责任，因而也没有任何国家像美国那样对海外事务的介入达到如此高的程度，并且在防务联盟开支中如此自愿地承担一个不恰当比例的份额，而大大便宜了西欧和日本。美国经济学家曼库尔·奥尔森将这一现象称为“小国对大国的剥削”。

社会生活的其他领域也是如此。在股份公司当中，股东都承担着监督经理的职能，但是大小股东从监督中获得的收益大小不一样。在监督成本相同的情况下，大股东从监督中获得的收益明显大于小股东。因此，小股东往往不会像大股东那样去监督经理人员，而大股东也明确无误地知道小股东要搭大股东的便车，但是别无选择，只能独自承担监督成本，是在小股东占优选择的前提下必须选择的最优策略。这样一来，与智猪博弈一样，从每股的净收益（每股收益减去每股分担的监督成本）来看，小股东要大于大股东。

在办公室的人际冲突中，一些人会成为不劳而获的“小猪”，而另一些人充当了费力不讨好的“大猪”。成功了，“小猪”们可以不伤皮毛的优先分到一杯羹；如果失败了，他们也可以发表一通与我无关，我是受害者之类的演讲，让“大猪”成为永远的牺牲者。

智猪博弈告诉我们，谁先去按按钮，就会造福全体，但多劳并不多得。在现实生活中，很多人都只想付出最小的代价，得到最大的回报，争着做坐享其成的“小猪”，不想付出劳动，不愿承担起“大猪”的义务，最后导致每个人都无法获得利益。

不战而胜的策略

1945年8月6日，美国空军在日本广岛投下原子弹“小男孩”。原子弹爆炸造成4.5万人死亡，9.1万人受伤。有些人虽侥幸还活着，但不是被严重烧伤，就是双目被烧成两个窟窿，在接下来的20年里陆续因放射病去世。

事实上，在广岛被原子弹轰炸之前，日本的失败已成定局。但是在硫磺岛战役、冲绳战役等一系列战斗中，日本军队仍旧负隅顽抗，造成盟军重大伤亡。因此，日本政府拒不接受敦促其投降的《波茨坦公告》。美国认为，如果攻击日本本土，会给盟军造成100万以上的伤亡，代价未免太大，因此做出了投放原子弹的决定。

但是，广岛的悲剧并未使日本接受最后通牒。他们竭力掩盖广岛事实真相，对外宣称是有一枚陨石陨落在广岛。于是，在1945年8月9日，美国又在日本长崎投下第二颗原子弹“胖子”，长崎全城27万人，当日便死去6万。

6天后，日本天皇发布诏书，宣布无条件投降。

历史学家普遍认为，日本最后选择投降，与原子弹有很大关系。由于日本并不知道美国到底有多少原子弹，如果不投降的话，很可能所有领土都会被这种可怕的武器毁灭性地轰炸一遍。

博弈论专家奥曼认为，人与人冲突的原因之一是相互猜疑。但是，一旦我知道你如何算计我，你知道“我知道你如何算计我”，并且又延伸至博弈的无数个回合，则人们在一念之间就可能会停止相互猜疑与算计，立即达成和解。在这个过程中，不可忽视的一点就是恰当地回应规则：威胁或许诺。

威胁是对不肯合作的人进行惩罚的一种回应规则。威胁有两种，一种是强迫性的威胁，另一种是阻吓性的威胁。前一种威胁用意在于促使某人采取行动，而后一种的目的在于阻止某人采取某种行动。两种威胁面临同样的结局：假如不得不实施威胁，双方都要大吃苦头。

威胁一定要可信，要让对手觉得绝无对抗的可能。比如在广岛被原子弹轰炸后，日本没有选择投降，是因为他们认为美国只有一颗原子弹。而投向长崎的原子弹才构成可信的威胁：我们不止一颗原子弹，具体有多少你也不知道。日本没有关于美国原子弹数量的情报，于是就被威胁到了。实际上，美国并没有第三枚原子弹，日本也不是没有继续顽抗的机会。

威胁的可信度在有截止期限的问题中尤为重要，必须采取非常手段。比方说，你急于达成一项交易，希望能在一周内确定是否达成协议。不过，你也知道对方在两周后还有另外一个谈判，而且你和对方都知道潜在的谈判对手在条件上存在优势。虽然对方比较中意潜在的交易，但成交的机会微乎其微。假如能够说服对方在一周之内做出决定，就有把握促成双方交易，而不会去追求那份梦寐以求但机会渺茫的潜在交易。

与威胁相反，许诺是对愿意合作的人提供回报的方式。为寻找证人，检察官会向一个被告许诺说，只要他愿意成为污点证人，检举同案中的其他被告，就会得到宽大处理。许诺同样可以分为强迫性和阻吓性两种：强迫性许诺的用意是促使某人采取对你有利的行动，比如让被告摇身一变帮助公诉方做证；阻吓性许诺的目的在于阻止某人采取对你不利的行动，比如黑帮分子许诺好好照顾证人的家属，只要他答应保守秘密。与威胁类似，两种许诺也面临同样的结局：一旦必须采取（或者不采取）行动，会出现说话不算数的动机。

有时候，威胁与许诺的界限非常模糊。威胁与许诺的界限只取决于你怎样称呼当前的情形。老派的歹徒会威胁说，假如你不给他一点银子，他就要加害你。假如你没有给，他就会动手“修理”你，从而造成一种新的情形，而在这种新的形势下，他又会许诺说只要你给他一点银子，他就会住手。随着形势转变，一个强迫性的威胁会变得和一个阻吓性的承诺差不多；同样，一个阻吓性的威胁与一个强迫性的许诺的区别也只限于当时的情况。

一切威胁与许诺的共同点在于：回应规则使你不会在没有回应规

则的前提下采取行动。由于别人对你以后的行动预期毫无变化，这个规则也就产生不了任何影响。不过，说明什么事情会在没有规则的情况下发生，仍然具有一种公告天下的作用，这些说明称为警告与保证。

在博弈中，假如你打算通过威胁或许诺影响对方的行动，那么他的行动也应该可以让你看到。否则你不可能知道他是不是选择顺从，而他也明白这一点。

在你做出一个许诺的时候，不应让自己的许诺超过必要的范围。假如这个许诺成功地影响了对方的行为，就要准备实践自己的诺言。因此，代价越小越好，这意味着许诺只要达到必要的最低限度就行了。

博弈的参与者发出威胁的时候，首先可能认为威胁必须足够大，大到足以阻吓或者强迫对方的地步，接下来才考虑可信度，即让对方相信，假如他不肯从命，一定逃脱不了已经明说的下场。若是在理想状况下，就没有其他需要考虑的相关因素了。假如对方知道反抗的下场，并且感到害怕，他就会乖乖就范。那么，我们为什么还要担心若实践这个威胁，会有多么可怕的情况发生呢？问题在于，我们永远不会遇到理想状况。首先，发出威胁的行动本身就可能代价不菲，其次，一个大而不当的威胁即便当真实践了，也可能产生相反的作用。一个大小恰当的威胁，应该是大到足以奏效，而又小到足以令人信服。如果威胁大而不当，对方难以置信，而自己又不能说到做到，就会降低自己的信誉。

独裁者不能为所欲为

1215年6月15日，英国国王约翰在兰尼米德签署了《大宪章》，这份文件规定，国王只是贵族“同等中的第一个”，没有更多的权力。尤其是第六十一条的规定，几乎褫夺了国王所有的权力。

为什么约翰会签署一份对自己不利的文件呢？这其实是他肆意妄为的结果。约翰即位之后，面临三方面的挑战：首先，很多人认为约翰暗杀了另一位有王位继承权的人、他的亲侄子不列颠尼的亚瑟，才取得王位；其次，当时法国占领了英国在诺曼底大部分的土地，英国贵族要求国王取回失去的领土，约翰却没能取得战争的胜利，相继丢失诺曼底、安茹、曼恩、都兰等地；最后，约翰与教皇英诺森三世就坎特伯雷大主教的任命出现争执，政治斗争的失败让他被迫屈服于教皇，并向教廷缴纳 13000 马克年贡，加剧了臣下对他的反对。约翰还违反惯例，征取过多的继承金、协助金和“盾牌钱”，并借故没收直接封臣的地产。向城市也多方勒索，引起广泛不满。

1215 年 5 月 17 日，封建贵族得到伦敦市民支持，占领了伦敦，挟持了国王约翰。约翰被迫签署了《大宪章》。

作为一名国王，理论上应该享有独裁者一样无限的权力，然而事实上，他必须与其他人分享这个权力。如果说欧洲封建制度下，权力的分割还是正常的，那么即使在“中央集权”制度下的地方，独裁者也不能独掌权力。清代名臣郭嵩焘曾有一段名言：“汉唐以来，虽号为君主，然权力实不足，不能不有所分寄。故西汉与宰相外戚共天下，东汉与太监名士共天下，唐与后妃藩镇共天下，北宋与奸臣共天下，南宋与外国共天下，元与奸臣番僧共天下，明与宰相太监共天下，本朝则与胥吏共天下耳。”

为什么会出现这种情况呢？经济学和博弈论揭示了其中的奥秘。让我们先看一个案例。

假设有一天，你撞上大运，居然有人白送你 1 万元钱，条件是你与另一个陌生人分享这笔钱。规则很严格：你们两人分别在不同的房间，无法互相交流。你可以决定如何分配这笔钱，而另一个人可以表示同意或拒绝。那人也知道上述规则和钱的总额。如果他表示同意，那么交易成功；如果他拒绝，那么你们俩谁也拿不到一分钱。无论出现哪种情况，游戏都算结束，而且不再重复。

这时你会怎么做呢？凭直觉，许多人都认为应该对半分，因为这种分法很“公平”，也容易被接受。然而你的胆子未免太小了，因为你完全可以只给对方1元钱。对于一无所获来说，这已经很好啦！

在大多数博弈模型中都隐含了几个假设条件，首先博弈双方都是完全追求收益最大化的理性人，其次博弈双方都是处于均等且相同的地位。然而在实际生活中，参与博弈的双方不可能绝对平等。比如在劳动力市场，很多时候雇员在与老板的谈判中明显处于劣势。有胆量放言“此处不留爷，自有留爷处”的能有几人?

在不平等条件下谈判博弈的一个经典案例，就是独裁者博弈。假想，一个独裁者与一个无权者分配一笔固定资产。讨价还价只能进行有限次，最后一次博弈的决定者当然是独裁者。按照理性人假设，自私自利的独裁者一定是独吞这笔财富。

劳资谈判与独裁者博弈有些类似。在劳动力市场上，劳动力价格是在综合考虑知识、技能、劳动强度等因素的基础上通过博弈机制来最终确定的。这一过程虽然并不能保证完全实现按劳分配，但确实是一种在现实中可操作的而且分配结果比较符合按劳分配原则的方案。掌握特殊技能的、技术好的或付出劳动较多的劳动者有条件得到较高的工资；而技术差、知识少、工作少的劳动者只能得到较低的工资。但劳动力市场的“按劳分配”是有局限的，劳动力市场在基本可以实现劳动者之间的“按劳分配”的同时，在买卖双方之间却存在系统的不公平交易。

劳动力市场上买卖双方的不公平交易就产生于博弈环节中。在博弈中，作为卖方的劳动者自然要争取尽量高的工资，而作为买方的资本家为了获取更多的利润也要尽量压低工资，这是可以理解的。问题在于，从博弈的观点看，劳动力市场上买卖双方在博弈中的地位是不平等的。资本家先占有了商品交易过程中实现的全部价值，再由他决定分配，而劳动者则只能被动地选择接受或不接受这份工作。资本家在博弈中处于较有利的地位，而劳动者处于不利地位。在这种情况下，资本家可以出这样一个价格：与劳动者的贡献相比明显偏低，但是比他在别处可能得到的工资略微多一点。此时，劳动者将面临这样一个处境：自己得到的报酬低于自己的贡献，但如果不接受这个价格，则得到的将更少，甚至什么都得不到。从博弈角度讲，虽然这个价格并不公平，但此时最明智的选择还是接受这个价格。所以，即使不考虑在现实博弈中资本家还经常可以利用劳动者的其他弱点扩大胜利，仅仅博弈地位的不平等已经足以让资本家得到一个有利的价格了。取得这个价格用不着特殊的博弈技巧，因为这是博弈地位本身提供的。这种不公平的报酬体现了资本对劳动者的剥削。

当然，博弈的独裁者并不只是考虑资产多少，他还要考虑名誉、地位与统治的稳固。如果将这些因素都考虑成收益，从广义上来说，这样的独裁者仍然是理性的。仅仅考虑自身经济收益的当政者是非理性的人。

信息是无价之宝

20世纪60年代初期，在对阿尔及利亚的战争中，由于庞大的军费开支给法国政府造成了沉重负担，戴高乐总统决定同本·贝拉领导的阿尔及利亚民族解放阵线谈判，以便尽快结束这场战争。当时法国驻阿殖民军军官们听到这一风声后，为了阻止战争的和平结束，密谋组织兵变。

戴高乐得知这一情况后心急如焚，但是阿尔及利亚远在非洲，所谓“将在外，君命有所不受”，一时居然没有什么良策来应对。这时，一位幕僚给戴高乐出了个似乎不着调的主意：把几千台简易晶体管收音机发到驻阿部队中。军官们认为，让士兵们听听法国流行歌曲，是一件好事，因此也没有干涉。然而，在正式宣布会谈开始的那天夜里，法国士兵们从收音机里听到的却是戴高乐的声音。第二天早晨，军官们发现大部分士兵对事态的真相已经一清二楚，只能放弃了兵变的图谋。

信息披露会改变双方的资源配置情况，进而改变博弈的结局，这一点是被无数历史事实证明了的。

大多数经典博弈模型都有一个前提条件，就是博弈参与者都知道对方所能采用的策略与各种可能的结局。简单地说，这些博弈都没有信息不对称的情况。

但是在实际生活中，很多情况下并不都是这么理想的：人寿保险公司并不知道投保人真实的身体状况，只有投保人自己对自身健康状况有最确切的了解；求职者向公司投递简历，求职者的能力只有自己最清楚，公司并不完全了解；最常见的例子就是买卖双方进行交易时，交易商品的质量自然是卖方比买方更了解。之所以有这些信息不对称的情况，是因为存在“私有信息”。通俗地讲，就是某一方所知道的信息而对方并不知道。如果一则信息是大家都知道的，或者是所有有关的人都知道的，就叫作“公共信息”。私有信息的存在导致“信息的不对称”，也就是某些人掌握的信息要多于其他人。因为参与博弈者掌握的信息不完全，往往有很多私有信息的存在，其决策结果必然会有很大的不确定性。

不确定性可分为两大类：主观不确定性和客观不确定性。主观不确定性是指决策者由于有关资料的缺乏而不能对事物的状态做出正确的判断，而这种判断却是其他掌握资料的人可以有的。和主观不确定性相关的信息常常具有不对称性。对个人来说，拥有信息越多，越有可能做出正确决策。对社会来说，信息越透明，越有助于降低人们的交易成本，提高社会效率。但是客观现实往往是：一小部分人垄断事物状态的信息，而另外绝大多数人则缺乏事物状态的信息。客观不确定性是指事物状态的客观属性本身不确定。对此，人们可以通过认识去把握客观规律。但是，认识本身并不能消除这种不确定性。

当存在不确定性时，决策者的决策就具有风险。不确定性和风险有密切的联系，但又是两个不同的概念。直观上很容易理解，一件事情可能出现的结果越多，这件事情就越具有不确定性；结果越不明确，不确定性的存在就越显著。

信息的价值正在于不确定性的存在。博弈参与者一旦掌握了更多信息，其决策获得更大收益的可能性就增大。例如，消费者买一部二手手机需要花 1000 元，而这部手机的真实价值只有 500 元，如果消费者买了这部手机，就净损失 500 元。如果他和二手手机老板很熟，请老板吃顿饭支出 100 元，老板决定给这个消费者一部市价 1200 元的二手手机。获取这部手机真实信息的成本就是 100 元，但消费者不仅没有亏掉 500 元，反而赚了 200 元，等于投入 100 元的信息成本得到了 700 元的收益。

市场参与者决策的准确性取决于信息的完整性。准确的决策需要更多信息支持，所以信息的获取有减少风险的作用。这就是说，信息的获取有可能增加决策者的收益。信息的价值就可以用获取信息后增加的收益来衡量。当然，信息的获取多需要付出成本，甚至这种成本可能会高到决策者无法承受的境地。

所罗门王的智慧

每个使用手机的人都会接触到“资费套餐”这个东西。资费套餐结构复杂，种类繁多，让消费者直呼“看不懂”。

在北京从事广告设计工作的王先生，每个月账单显示的收费类别有14项，分别是：套餐及固定费、神州行5元卡、10元数据流量可选包、套餐外语音通信费、本地主叫通话费、国内长途费、套餐外上网费、国内移动数据流量费、套餐外短信/彩信费、国内短信费、增值业务费、歌曲下载5元包、代收业务费和其他费用。这么长的单据，每个月都让王先生看得晕头转向。

不仅结构复杂，套餐种类更是纷繁复杂。目前市场上资费套餐到底有多少，这个问题几乎没人能说清，据业内人士估计“至少数万种”。通信世界网总编辑刘启诚透露，仅某省的移动公司就曾推出7000多种套餐，有的套餐甚至仅有两位用户。

不仅如此，我国电信业已从语音时代发展到了流量经营时代，数据流量、语音、短信、彩铃等业务使得网络更加复杂，2G、3G、4G、WLAN、IDC等各种网络彼此重叠，犬牙交错。除了网络的区分，在产品营销上，各种套餐彼此叠加，有流量赠送的，有返还话费的，有实物赠送的。这些成本彼此交叉，让设计一种“套餐”成为非常复杂的事情。

为什么电信企业要花费那么多时间和精力设计复杂的资费套餐呢。目的就是通过“机制设计”来筛选用户，以取得最大的经营利润。

所谓机制设计，是指设计一套博弈规则，使不同类型的人做出不同的选择。尽管每个人的类型可能是隐藏的，别人观察不到，但他们做出的选择却可以观察到。观察者通过不同人的选择推演出他们的真实类型。经济学家在讲解机制设计时，都爱讲“所罗门王的故事”。

所罗门王是古代以色列国的一位智慧、英明的君主。一次，两个少妇为争夺一个婴儿争吵到所罗门王那里，她们都说自己是婴儿的母亲，请所罗门王做主。所罗门王稍加思考后做出决定：将婴儿一刀劈为两段，两位妇人各得一半。这时，其中一位妇人立即要求所罗门王将婴儿判给对方，并说婴儿不是自己的，应完整归还给另一位妇人，千万别将婴儿劈成两半。听罢这位妇人的求诉，所罗门王立即裁决：婴儿是这位请求不杀婴儿的妇人的，应归于她。

这个故事讲的道理是，尽管所罗门王不知道两位妇人中谁是婴儿的母亲，但他知道婴儿的母亲是宁愿失去孩子也不会让孩子被劈成两半的。所罗门王正是了解这一点，很快就识别出谁是婴儿真正的母亲。

在经济活动中，机制设计具有重要的意义，好的机制设计可以像区分真假母亲一样，区分出愿意多花钱的消费者和愿意少花钱的消费者，使企业获得最大的利润。

比如，消费者买票乘飞机，不同的人愿意支付的价格是不一样的。有的人消费的意愿高一些，就可以支付较高的价格。收入低的人或者比较吝啬的人，就只愿支付较低的价格。但是，如果问消费者愿意支付什么样的价格，所有人都必定说愿支付较低的价格，因为根据经济学的“经济人”假设，即使有钱人也会认为在同样服务下以低价购买划算。这时，航空公司就必须将这些在经济学中称为“具有不同支付意愿”的人区分开来，让能支付较高价格的人支付较高价格，才能获得更多的利润。这就需要航空公司设计一种信息甄别机制，比如将舱位分成头等舱、经济舱等，价格稍有不同，当然服务也不同，就将不同支付意愿的顾客区分开了。事实上，头等舱比其他较低等级舱位的价格高出许多，并不主要是因为它的服务要比其他舱位的服务好很多，而是因为那些坐头等舱的人的支付能力比其他舱位的旅客的支付能力要强许多，也就是说坐头等舱的旅客比坐其他舱位的旅客更有钱或更愿意花钱而已。但是，如果航空公司不对舱位如此区分，即使是有钱人也不会愿意坐同样的舱位而支付比别人更高的价格。

我们知道，在商品市场上，卖方有隐藏自己商品真实信息的倾向，消费者为了自身利益也会隐藏自己的私人信息。这样消费者知道自己的需求，而卖方不完全知道，从而出现消费者信息在买卖之间不对称的情况。因为高需求客户为了以更低的价格成交，往往会隐藏自己“具有高需求”的信息。在这种情况下，差别定价方式可以甄别出不同需求程度的客户，从而使卖方可以获取尽可能多的利润。比如，在推出一本新书时，通过提供精装本和平装本两种版本，出版商可以将读者分为两大类：一类对书的评价较高，另一类对书的评价较低；在提供电信服务时，服务商可以对手机用户提供两种收费标准：一种是单位时间通话费用较低，但需交纳一定的月租费；另一种是单位时间通话费用较高，但不需交纳月租费。根据用户的不同选择，服务商可以将用户区分为高频率用户和低频率用户两类。

通过一定合同的安排，缺乏信息的一方可以将另一方的真实信息筛选出来，实现有效率的市场均衡。在信息甄别模型中，要想产生分离均衡，甄别者（没有私人信息的一方）所提的同一交易合同对不同的被甄别者必须有不同的收益。

制度救了囚犯的命

17、18世纪英国经常要把大量犯人运送到澳大利亚的监狱服役。起初国家启用的押送工具是私人船主的船只，并按照犯人的人头给船主付费。船主为了牟利，便不顾犯人的死活。本来只能容纳几十人的船，却被他们装进了几百个犯人，通风条件本就不好的船舱因为人多造成生存环境的恶劣，加之船主克扣犯人的食物，使大量犯人中途就死去了。更为严重的是，只要一离岸，有些船主便把大量犯人直接丢进大海。英国政府极力想降低犯人的死亡率，但却遇到两大难题：如果加强医疗措施，多发食物，改善营养，就会增加运输成本，同时也无法抑制船主的牟利私欲；如果在船上增派管理人员监视船主，除了大大增加政府开支外，也难以保证派去的监管人员在暴利的引诱下不与船主合谋，这样一来政府赔了夫人又折兵。

怎么办？最后英国政府制定了一个新制度。他们重新规定"按照到达澳洲活着下船的犯人的人头给船主付费"，于是船主绞尽脑汁、让最多的犯人活着到达目的地。后期运往澳洲的犯人死亡率相当低，最低时只有1%，而在此制度实施之前的最高死亡率竟达到94%。

亚当·斯密说：在人类社会的大棋盘上，每个个体都有自身的行动规律，和立法者试图施加的规则不是一回事。如果它们能够相互一致，按同一方向作用，人类社会的博弈就会如行云流水，结局圆满。但如果两者抵牾，那博弈的结果将苦不堪言，社会在任何时候都会陷入高度的混乱之中。

真正好的制度不仅能够自动地"区别真伪"，而且能够使决策者自动地修订自己的决策轨道，避免"内部人控制决策"。对于企业而言，正如一支箭不能射中几只鸟儿一样，有时出台的政策是无法实现多个政策目标的。要同时实现多个目标就需要一个强有力的政策出台，这个政策的出台为的是满足多种利益的需求，解决多个矛盾。

例如在企业中，既存在经营者的特殊利益，又存在企业的整体利益，这时政府就要制定出一种最优政策来满足两大利益集团的需求。最优政策就是把经营者的特殊利益与企业的整体利益结合起来，使两者产生相关的联系。通过产权这一核心纽带，把经营者的个人利益纳入到企业利益中，这样，经营者在进行决策时必然就把企业利益放到第一位。

不过，一种政策的出台，必须有一个强有力的法人治理结构和一个监管会监管，才能使这一更优政策被更多的人遵守、履行。

一般来说，必须制定出一个能化解并协调好犯人生命安全保障、私人船主的利益要求、国家支出成本的均衡这三者之间矛盾的最优政策。不过“按照到达澳洲活着下船的犯人的人头给私人船主付费”这一政策在制定和出台前后，都会出现有人反对、有人支持、有人观望的局面，在这一情况下，政府必须有一个法人治理结构来协调这些矛盾。对于企业来说，公司法人治理结构是公司的核心。要明确股东会、董事会、监事会和经理层的职责，形成各负其责、协调运转、有效制约的公司法人治理机构。董事会要对公司发展目标和重大经营活动统一决策。要规范董事会决策的程序、决策的责任，做到谁决策谁负责。有了这样一种法人治理结构，就可以把“内部人”的特殊利益约束起来，使个人的特殊利益不能对企业决策产生决定性影响。

猴子的故事与道德约束

2002 年 1 月 7 日，湖南省长沙市岳麓区望月湖社区创建了全国首家“道德银行”。望月湖街道早在 20 世纪 90 年代初就是全国的文明社区，这里当时活跃着一支有几千人参与的志愿者服务队伍，但在社会环境不断变化的过程中，志愿者队伍逐渐萎缩。怎么能让广大群众踊跃参与到公民道德建设中来，望月湖街道做了许多探索。望月湖社区在党员“志愿者服务时间卡”的基础上，参考义务献血制度及国外的

“义工”制度，并导入银行的运作模式，于2001年年底，推出了“道德银行”这一公民道德建设实践的新模式。

此后，全国各地大、中、小城市不断有新的“道德银行”陆续开张，并探讨了各种可能的运作形式。在实际运作中，“道德银行”既产生了积极意义，也遇到了很多问题。比如泰州市医药高新区凤凰街道梅兴社区的“道德银行”，出现了志愿者“只存不取”的现象，成立3个多月后，经居民代表会研究决定关门。专家认为，“道德银行”“只存不取”是好事，但做好事不求回报这种精神境界并非所有的人都能达到，如何形成良性互动，是值得思考的。

人类道德的产生一般有两种解释：一种是纯文化因素起作用，是某些“高尚”的人主观行为的结果；也有人将其归结为宗教原因，怕上帝惩罚自己，所以有宗教信仰的人道德感就要强于一般人。这种解释中，道德是外界强加于人们的，使人们不违约。但是经济学家对道德有另一种阐释，认为道德实际上是人类在社会中不断与他人博弈而形成的。

人类在没有任何约束的自然状态中，每个人都力图保护自己的利益，并企图占有别人的东西，此时，每个人都是其他人的敌人。此时没有任何规则，没有财产，没有正义或不正义，只有战争。武力与欺诈是战争中的两大基本德行，因此人类在自然状态下无法产生文明。与国家一样，道德也是对某些不合作行动的惩罚机制，这种机制的出现使人类从囚徒困境中走出来。人的正义与非正义的观念产生了道德感。

经济学家用“猴子模型”解释了道德的产生：

从前有一群猴子被关在笼子里，在笼子里的上方有一条绳子，绳子拴着一个香蕉，绳子连着一个机关，机关又与一个水源相连。猴子们发现了香蕉，有猴子跳上去够这个香蕉，当猴子够到时，与香蕉相连的绳子带动了机关，于是一盆水倒了下来，尽管够到香蕉的猴子吃到了香蕉，但其他猴子被淋湿了。这个过程重复着，猴子们发现，尽管有猴子吃到香蕉，但吃到香蕉的猴子是少数，而其余的大多数猴子都被淋湿了。

经过一段时间，有一伙猴子自觉行动起来，每当有猴子去取香蕉，就有其他的猴子因愤怒而自动地去撕咬那只猴子。久而久之，猴子们产生了合作，再也没有猴子敢去取香蕉了。

在这个故事里，猴子间产生了“道德”。如果这群猴子构成一个社会，繁衍下一代，会将它们的经历告诉下一代，渐渐地猴子们便认为取香蕉的后果对其他猴子不利，从而认为去取香蕉是“不道德的”，它们也会自动地惩罚“不道德的”猴子。当然这只是一个故事，但这个故事反映了人类道德的产生过程。

道德感自然地使得人们对不道德的或不正义的行为谴责或者对不道德的人不合作，从而使不道德的人遭受损失。这样，社会上不道德的行为就会受到抑制。因此只要社会形成了道德或不道德、正义或非正义的观念，就自动地产生了调节作用。

当然，道德约束有局限性，对不道德行为的抑制是有限度的，当不道德的行为带来的利益大于道德的满足时，道德约束的作用便失效。举个简单例子，拾金不昧是美德，当捡到别人丢的100元钱时还给失主不仅有道德满足感，还会受到社会的表扬，建立起自己的美誉；若不及时交还失主并被发现的话，则会受到严厉的谴责并失去社会信誉。但是如果捡到100万元呢？极大的可能是归为己有。这是因为他道德的满足感与可能所受谴责的效用远小于其所捡物品给他带来的效用。这种情况下，道德作用失效了，法治就不可替换地代替了道德。

亚当·斯密在写完《国富论》与市场这只“看不见的手”之后，又写了本《道德情操论》，专门论述个人道德与社会道德是维持市场经济的基本要素之一。亚当·斯密告诉我们：最商业化的社会，也是最讲究道德的社会，反之亦然。

第七章 宏观经济看世界

宏观经济学，是使用国民收入、经济整体的投资和消费等总体性的统计概念来分析经济运行规律的一个经济学领域，主要包括经济增长、经济周期、失业、通货膨胀、国家财政、国际贸易等方面。现代宏观经济学是为国家干预经济的政策服务的，相当大程度上促进了经济的发展。

价格歧视

2013年2月11日，澳大利亚国会向苹果、微软和Adobe这些IT业巨头发出传票，要求它们3月22日出席听证会，“解释它们的产品为什么在澳大利亚比在美国要贵得多”。

早在2012年5月，澳大利亚国会就成立了特别委员会，旨在调查潜在的软硬件价格歧视问题。据悉，搭配Retina屏幕的16GB WiFi版iPad在澳大利亚的售价达539澳元，比美国售价高出40美元；微软最新的Office 365家庭高级版在澳大利亚售价为119澳元，在美国则是99.99美元。尽管澳元汇率不断走强，但苹果、微软和Adobe在澳大利亚的产品售价仍明显高于美国市场。

工党国会议员艾德·休斯克表示：“一段时间以来，消费者和企业一直试图知道为什么他们要多支付那么多钱，尤其是支持网上下载、无须配送处理等成本的软件产品。”休斯克称，IT软硬件的价格歧视问题，可能致使澳大利亚超过200万家中小企业额外支付的金额高达100亿美元。

Adobe和微软此前就该调查分别发表书面声明，并提交意见书，不过它们的高管一直不愿意公开对其产品定价进行解释；苹果公司的高管则拒绝发表评论。由于拒绝出席听证会，相关的企业可能会面临藐视国会指控或者罚款，负责的高管甚至可能面临监禁处罚。

由国会对非关国计民生的普通消费品的价格歧视问题召开听证会，这在全球范围是首例。

价格歧视，指一家厂商在同一时间对同一产品或服务索取两种或两种以上的价格。实行价格歧视的目的是获得较多的利润。如果按较高的价格能把商品卖出去，生产者就可以多赚一些钱。因此生产者将尽量把商品价格定得高些。但是如果把商品价格定得太高了，又会赶走许多支付能力较低的消费者，从而导致生产者利润的减少。采取一种两全其美的方法，既以较高的商品价格赚得富人的钱，又以较低的价格把穷人的钱也赚过来。这就是生产者所要达到的目的，也是“价格歧视”产生的根本动因。

如果厂商对每一单位产品都按消费者所愿意支付的最高价格出售，这叫作一级价格歧视，也被称为完全价格歧视。虽然每个厂商都竭力达到这一“境界”，但实现一级价格歧视需要企业充分了解每一个消费者的消费意愿和支付能力，成本也是不小的。能把一级价格歧视操纵得游刃有余，绝对可以称得上“商业奇才”。在这方面，航空公司是行家里手。

在航空公司的价目表中，同一航空公司的飞机，甚至是同一架飞机，同样的机组，时间里程也一样，价格也会相差悬殊。有时会出现从A地到B地的机票可以打折到750元，但同一天从B地到A地的机票却开价1420元的现象。这是因为航空公司经过长时间的调查统计，发现A地到B地的旅客大多是自费私人旅行，机票价格太贵的话就会选择其他交通工具；而B地到A地的旅客大多是公务旅行，倾向于最快速的交通工具，最重要的是他们的交通费可以报销！

即使是A地出发的出公差的旅客，航空公司也不愿意让他们从价格大战中得到便宜。但是，当旅客去买飞机票的时候，他脸上并没有贴着是出公差还是私人旅行的标记，那航空公司又是如何区分乘客和分割市场呢?

原来购买优惠票总是有一些条件，例如规定要在两星期以前订票。公司安排出差往往都比较急，很少有在两个星期以前就计划好了的行程，这就避免了一部分出公差的旅客取得优惠。最厉害的一招是，有些优惠机票要求乘客在目的地度过两个周末。出公差当然要住旅馆，度过一个周末至少多住两天，两个周末更不得了。这笔住宿开支肯定比享受优惠票价所能节省下来的钱多得多，精明的老板才不会贪小便宜吃大亏。但自费旅游的人则常常把带薪假安排在两个周末之间，以延长假期。于是这些优惠条件就把出公差的人和自费旅行者区分开了。

只要求对不同的消费数量段规定不同的价格，叫作二级价格歧视，比如超市对经常来采购的消费者提供“会员价”，或者对大量采购的消费者提供“团购价”。二级价格歧视不如一级价格歧视那么严重，操作起来比较容易，也更容易获得消费者的理解。

厂商对同一种产品在不同的市场上或对不同的消费群收取不同的价格，叫作三级价格歧视。被澳大利亚国会传唤的 IT 企业就是涉嫌三级价格歧视。

在卖主为垄断者或寡头的市场中，价格歧视则是很常见的，而支撑价格歧视的另一个原因则是消费者的信息或行动力不足。在完全竞争市场上，所有的购买者都对同质产品支付相同的价格。如果所有消费者都具有充分的知识，那么每一固定质量单位的产品之间的价格差别就不存在了。因为任何试图比现有市场价格要价更高的产品销售者都将发现，没有人会向他们购买产品。但澳大利亚的消费者一般不会打听同一款商品在美国卖什么价格，即使打听了，他也不太可能亲自跑到美国去购买。

由于消费者知识不足，三级价格歧视有时候会表现得非常“明目张胆”。在北京某景区的一些煎饼摊位上，加了巧克力酱和香蕉切片的“西式煎饼”有两种售价：中文标签上的 15 元和英文标签上的 65 元。如果外国游客看不懂中文标签，那他就只能按照英文标签上的“65 元”来付账了。

价格歧视是否违背市场经济规律，人们有不同的看法。有人认为价格歧视是违反市场经济规则的，影响资源的有效配置，必须实行严格管制；也有人认为价格歧视有其合理性，应允许存在。正因为对价格歧视是否具有合理性存在争论，所以对于那些并非关系国计民生的商品，政府一般不会对它们的价格歧视行为有什么反应。因此，澳大利亚国会的“反价格歧视”听证会才会被人们所关注。

政府为什么要收税

在以“水城”闻名的意大利威尼斯，每年都有数以百万计的游客慕名而来。这座城市在向游客充分展示其独特魅力之时，也会给游客带去一份惊讶——上厕所也要交税。

对威尼斯来说，这的确是不得已而为之。在水城的中心，也就是迷宫般的老城，当地居民总计不过5万，而每年却要接待1000万左右的游客。游客潮水般地涌来，使该城的公共卫生设施长期处于超负荷运转之中，低廉的厕所收费不可能满足这些卫生设施的维修费用。于是，为减轻财政负担，政府在充分调查论证的基础上，从1999年9月起开征被人戏称为“撒尿税”的厕所使用税。

从此，任何游人进一次厕所除要像过去那样支付使用费外，还要额外交纳1000里拉（大约合人民币5元）的使用税。而本地居民可凭有效证件花6000里拉买一张“厕所通行证”，凭此证进厕所方便享受减税一半的优惠。

税收是政府公共财政最主要的收入形式和来源，其本质是国家为满足社会公共需要，凭借公共权力，按照法律所规定的标准和程序，参与国民收入分配，强制取得财政收入所形成的一种特殊分配关系。古典自然法学家们看来，人们向国家纳税，是为了能够更好地享有他的自然权利以及在其自然权利一旦受到侵犯时可以寻求国家的公力救济；国家征税，也正是为了能够有效地、最大限度地满足上述人们对国家的要求。

政府凭借国家强制力参与社会分配，必然会改变社会各集团及其成员在国民收入分配中占有的份额，减少了他们可支配的收入，但是这种减少不是均等的，这种利益得失将影响纳税人的经济活动能力和行为，进而对社会经济结构产生影响。政府正好利用这种影响，有目的地对社会经济活动进行引导，从而合理调整社会经济结构。

经济分析法学派的代表人物波斯纳认为："税收……主要是用于为公共服务支付的费用。有效的财政税应该是公共服务的使用人支付其使用的机会成本的税收。但这就会将公共服务仅仅看作私人物品，而它们之所以成其为公共服务，恰恰是因根据其销售的不可能性和不适当性来判断的。"公共服务的消费所具有的非竞争性和非排他性的特征，决定其无法像私人物品一样由"私人部门"生产并通过市场机制来调节其供求关系，而只能由集体的代表——国家和政府来承担公共服务的费用支出者或公共需要的满足者的责任，国家和政府也就只能通过建立税收制度来筹措满足公共需要的生产资金，寻求财政支持。

比如威尼斯征收的"撒尿税"，就能起到调节城市卫生系统的功能。通过征税，政府不仅可以更好地维护现有的厕所设施，也可以兴建更多的公共厕所提供给游客使用。因此，不仅当地人对此表示支持，游客们也渐渐接受了这一举措。

19 世纪末至 20 世纪中叶，随着资本主义从自由走向垄断，西方资本主义国家也逐步从经济自由主义转向国家干预经济的凯恩斯主义；与此同时，作为国家宏观调控的经济手段之一的税收和法律手段之一的税法，经济调节等职能被重新认识并逐渐加以充分运用。今天，在现代市场经济日益向国际化和全球趋同化方向发展的趋势下，世界各国在继续加强竞争立法，排除市场障碍，维持市场有效竞争，并合理有度地直接参与投资经营活动的同时，越来越注重运用包括税收在内的经济杠杆对整个国民经济进行宏观调控，以保证社会经济协调、稳定发展，也就满足了人民对经济持续发展、社会保持稳定的需要。

对个人而言，只要参与社会经济活动，就免不了缴税。美国著名思想家本杰明·富兰克林曾经说："人的一生有两件事是不可避免的，那就是死亡和纳税。"与之相称的是美国税收部门的强力。

实际上，美国一直有句俗话叫"惹谁也别惹国税局"。在美国人眼里，国税局比全副武装的警察和军队还要可怕。美国国税局的调查办公室是少有的几个有权调查犯罪的政府单位，甚至可以不经法庭审判就冻结公民的财产。无论是什么来源的收入，即使是非法收入，也必须报税。1931 年，美国国税局一举扳倒了芝加哥黑帮头子阿尔·卡彭，令自己"一战成名"。

阿尔·卡彭 26 岁时已经成了黑社会老大，用铁拳控制了芝加哥庞大的地下犯罪集团，号称芝加哥"地下市长"。仅仅 1929 年一年，他就策划谋杀了 322 个反对者，其中还有近百人是他亲手射杀的。他给美国黑帮留下了一条"法则"：重机枪比冲锋枪好使。

芝加哥警方一直都很想清除卡彭的"黑帮帝国"，但是没有成功，反而是税务局找到了卡彭的把柄。为了偷税，卡彭没有用自己名字开设的银行账户，他做任何事几乎都使用现金，毕生只签过一次支票。然而税务局探员偶然打听到卡彭控制的赌场有一个精致的布面本子，记录着每一笔收入和支出，于是就千方百计搞到了这个本子，发现了赌场隐瞒收入的证据，并由此顺藤摸瓜，以偷税的罪名把卡彭送上法庭，并最终送进监狱。虽然卡彭在政界有着广泛的人脉，却没有什么人愿意在这时帮助他。于是，卡彭给美国黑帮留下了另一条"法则"：要按时向政府纳税。

美国最著名的大法官奥利弗·霍尔姆斯曾说："税收是我们为文明社会付出的代价。"只要政府的税收能够做到"取之于民，用之于民"，公民就有义务依法缴税，也才能最终享受税收带来的好处。

税收带来“无谓损失”

2014年11月18日，日本首相安倍晋三宣布将延迟提高消费税，并解散议会重新大选。日本经济陷入持续萎缩，让“安倍经济学”再受打击。

为了减少财政赤字，维护财政“信用”，2014年4月，日本将销售税由5%上调至8%。然而令日本政府始料未及的是，日本经济并未如期复苏，而是两个季度GDP连续萎缩。数据显示，日本二季度GDP环比萎缩7.3%，三季度实际萎缩也有1.6%。扣除租金后的日本真实家庭消费支出更是同比下降3.5%，创2011年大地震以来的新低。

此前，市场对日本政府是否推迟上调消费税的争议不断，由于日本政府已经负债累累，必须要靠加税缓解财政压力，反对者认为推迟将令投资者不再信任日本政府，而支持者则认为日本经济萎缩的程度超过预期，如期加税会令日本经济陷入泥潭。

在“大胆的金融政策”“积极的财政政策”以及“经济结构改革”这三支箭全部射出并短暂刺激经济增长之后，如今的日本整体经济的复苏前景依然不容乐观。对日本政府来说，第一轮消费税增长对经济的负面影响之大，经济陷入技术性衰退就是最直接的证明。

虽然日本原定于2015年10月第二次上调消费税至10%，但风雨飘摇的现状迫使安倍晋三不得不做出推迟加税的决定。

中国古代的“著名经济学著作”《管子》中有这样的论断：“取于

民有度，用之有止，国虽小必安；取于民无度，用之不止，国虽大必危。”最好的经济政策应该是顺应人们进行生产、贸易等经济活动，并在必要时进行一定的调节和控制，而不是横加干涉，对百姓强取豪夺。对于今天而言，这段话仍然有着鲜明的启迪意义。而从经济学的角度看，“取民有度”“取民无度”实际上和税收政策的制定密切相关。在赋税中，“利民”的思想是非常可贵的，但是，究竟税收、政府和个人之间存在一个怎样的规律，在何种程度下才能使得税收政策收到最好的效果，于国于民都有益，却是一个深奥的经济学问题。

20世纪70年代，美国经济出现滞胀现象，经济发展陷入泥泞。罗纳德·里根上台后，采取了大幅度的减税措施，联邦政府征收个人所得税的水平由70%下降到28%，公司所得税也下降了一半。这些举措使得美国经济有了突然的飞跃，开始快速增长。而为里根谋划减税政策的，则是著名经济学家、供应学派代表人物阿瑟·拉弗。

早在美国陷入滞胀初期的1974年，阿瑟·拉弗就对税收与经济发展的关系做了深刻的阐释。他在与时任白宫助理的理查德·切尼共进晚餐时，抓起一张餐巾纸画了一条抛物线，向不太懂经济学的切尼讲清税收与通胀的关系：税率高于某个临界点后，总税收将不增反降，因为高税率挫伤了企业和资本的积极性；反之，减税不仅可以让纳税人受益，也将通过更为繁盛的经济实现更可观的税收收入。当时一起赴宴的还有《华尔街日报》的副主编裘德·万尼斯基，他立刻将这一曲线在报纸上大加赞扬和宣传。“拉弗曲线”由此声名远扬，被戏称为“餐桌曲线”的减税主张博得了社会各界的认同，并最终被后来的里根政府所采纳，其影响遍及欧美。

拉弗曲线表明，随着税率增加，税收收入呈现抛物线形的变化。税率为0时，政府没有税收收入；税率到达100%时，没有人愿意工作，所以也没有税收收入。在中间区域，总有一个临界点，当税率超过C临界点时，税收对人们工作积极性的挫伤将大于其收入对积极性的提升，所以税收收入随着税率的提高而下降，这部分被称为“税率禁区”。当税率处于这个禁区时，只有通过降低税率才可以使得税收收入和国民产量同时增加。

拉弗曲线表明了这样一个观点：当税率低于某个水准时，会激发社会的工作热情，从而促进社会供给，政府的税收一同提升；当税率高于某个水准时，会降低工作热情，从而降低社会供给，政府税收也会跟着减少。由此可见，政府为了取得更多的税收收入，最佳方法不是提高税率，恰恰相反，而是减税。

不恰当的税收，尤其是增税，会产生经济的“无谓损失”，也叫作“社会净损失”。比如，A 太太想请一个保姆，为此她最多愿意支付每月 430 元的工资给保姆。B 小姐以前每天卖报纸，仅有 400 元的月收入，现在希望能找到一份不用风吹雨淋的工作，看到 A 太太的招聘广告，她非常愿意尝试。最后他们达成协议，A 太太每月支付 420 元的工资请 B 小姐做保姆。这样一来，A 太太可以节省 10 元钱，B 小姐比她原先的工作多赚 20 元，双方的收益都增加了，整个社会得到了 30 元的“收益”。然而政府做出了错误的决策，对所有保姆收取 50 元的“保姆税”。这样一来，A 太太至少要付给 B 小姐 450 元才能平衡她以前的收入。最后，B 小姐最终放弃了这份工作，A 太太也不打算再雇保姆了，整个社会“无谓损失”了 30 元，政府也没收到税。

政府向某一产品征税，不管这项税是向生产者征收还是向消费者征收，最后都是由生产者和消费者分担的——生产者得到的价格下降，消费者得到的价格上升，税在买者支付的价格和卖者得到的价格之间打入了一个“楔子”。由于这个“楔子”，这种产品的销售量低于没有税时应该达到的水平，也就是说，市场规模收缩了。由于市场规模收缩，生产者和消费者受到的福利损失之和要大于政府得到的税收。拉弗曲线问世 40 年来，并没有多少国家的实践证明拉弗的假设，但经济学家们大都相信，税收会造成社会总经济福利减少，过高的税率带给政府的很可能不是税收增加的美好前景，反而会降低税收总量。

税负归宿

2014 年中，一则关于全国人均宏观税负水平的调查引发各界关注。调查数据显示，中国宏观税负达 44%，人均宏观税负 6338 元，北京甚至超过 2 万元。数据一出，让很多人都大跌眼镜，有评论称，按照这个标准，自己的生活简直是“一个馒头半个税”。

在中国统计学会副会长，中央财经大学统计学院院长贺铿看来，按照国际货币基金组织口径，中国的宏观税负在 35% 左右，属于发展中国家平均水平，在正常区间，不存在宏观税负过高问题，大多数国家的宏观税负都比我国高。但为什么老百姓感觉自己承受着高税率的压力呢?

财政部财政科学研究所所长贾康认为，问题出在了我国的税收结构问题上。我们国家现在是流转税为主，而流转税按照具体的分析，比较大的可能性是最后归于由消费者承担，所以居民在我国现有税负结构里承担了税负归宿的大部分。间接税比重过高导致民众“税收痛苦”高。

直接的纳税人并不一定是税的最终承担者。如果税收直接由纳税人承担，这种税就是直接税，如个人所得税、财产税、遗产税等；如果税收并不由纳税人直接承担，而是转嫁给其他人，这种税就是间接税，如营业税等。这种税在生产者与消费者之间分摊，谁最终承担税负就是税负归宿问题。

“税负转嫁”有多种方式。比如前转，是指纳税人沿商品流转方向，以提高商品价格的方式将税负转嫁给消费者。后转与前转相反，纳税人逆着商品流转的方向，以压低购进商品价格的方式将税负转嫁给商品的提供者。比如在零售端征税时，零售商便压低进货价格，从而将税负后转给生产商。此外还有混转、旁转、消转和税收资本化等转嫁税负的方式。税负转嫁是商品经济的一种正常的经济现象，在市场经济条件下是客观存在的。

中国人很早就注意到税负归宿这个问题。公元前271年，赵奢担任当时赵国的最高税务长官。他认为，税法不仅平民百姓必须遵守，贵族官僚也必须履行其纳税义务，这就是执行公平。做到了执行公平，国家就会强盛，政权就会巩固。当时的朝廷很赞同他这种思想，每年都以公平纳税充实国库。但有一年因为国家发生战事，国库亏空，群臣商议以增加财主富农的土地税来充实国库，贫民的税收保持不变。然而这一新法推出不久，首先提出反对的竟然是贫民。贫困农民使用的多数土地是从地主那里租的，朝廷加大地主的土地税，地主就加收地租。这样，增加的地税就转到农民身上，农民不堪重负，自然就反对新的税法。

一旦税率确定，商家承担多少税负，又转嫁给消费者多少税负，这个比例是确定的，并不会存在商家想转嫁多少税负就转嫁多少的情况。税负归宿问题要根据弹性理论来分析。当对一种商品征税时，这种税由生产者承担还是由消费者承担，主要取决于该商品的需求弹性与供给弹性。商品需求越富有弹性而供给越缺乏弹性，税就主要由生产者承担；需求越缺乏弹性而供给越富有弹性，税就主要由消费者承担。

需求弹性是某种物品价格变动所引起的需求量变动程度，用需求量变动百分比与价格变动百分比的比值来表示。一般商品分为需求富有弹性与需求缺乏弹性两种情况。需求越缺乏弹性说明消费者对这种商品的依赖性越大，即使价格大幅度上升，需求量减少也很少。因此，需求缺乏弹性的商品当价格由于税而上升时，需求量减少有限，税就主要由消费者承担。相反，需求富有弹性的商品当价格由于税而上升时，需求量可以大幅度减少，税就主要由生产者承担。

供给弹性是某种物品价格变动所引起的供给量的变动程度，供给越缺乏弹性说明生产者改变产量的可能性越小，即使价格大幅度变动，产量变动也很有限。供给缺乏弹性的商品当由于价格上升需求量减少时，供给量减少有限，税就主要由生产者承担。相反，供给富有弹性的商品当价格由于税收上升时，需求减少，供给也减少，税就主要由消费者承担。

由此可以得出结论，供应弹性大、需求弹性小的商品课税易于转嫁；供应弹性小、需求弹性大的商品课税不易转嫁。这个规律说明，商家是不能一味考虑将销售税负转嫁给消费者的。甚至，当税负转嫁与纳税人（比如商家）追求的利润目标发生冲突时，纳税人还会自愿放弃税负转嫁。原因很简单，转嫁税负势必提高商品价格。进而影响到其销量。而权衡的一个重要标准就是上面所说的供求弹性。以租房为例，房屋数量摆在那里，不会轻易增加，所以租房的供给弹性几乎为 0。假设这时对房东征税，那么房东是很难将这税负转嫁到租客身上的。原因在于，如果那样，租客将考虑寻找更便宜的住房或者与人合租，这样一来，房东的利润必将受到影响。在这种情况下，房东必须在税负转嫁与销量减少之间权衡，而最终做出的结果往往是放弃了税负转嫁，即不涨房价，自己承担这份征税。而对于无地的农民来说，他的需求弹性为 0，如果不租用土地就会饿死。这时候任何对土地增加的税收，最后都会百分之百地分摊到农民头上。

税负归宿是经济学中一个重要的问题。在开征一种新税或提高原有税种税率时，决策者一定要谨慎从事。如果不考虑需求与供给弹性就征税，结果可能适得其反。

失业之困

2009 年 4 月的一天，一名日本男子衣着整齐地躺在自己公寓的床上。他看上去表情平静，像睡着了一般，他的皮肤呈黑灰色，他在那里已经躺了一个月。尸检的法医吃惊地发现，他的胃完全是空的，这名男子是被饿死的。公寓里的冰箱同样空空如也，锡罐里有几枚硬币，还不够一顿饭的钱。各种求职杂志和一张求职表散落在地板上，这名男子已经在上面填上了自己的工作履历。

这名失业男子饥饿致死的消息，震惊了世界第二大工业国日本。这起案件之所以令人震惊，原因是死者不是孤苦无依的老人，也不是没有劳动能力的人，而是拥有强烈工作意愿的年仅 49 岁的电脑专家。直到 2007 年春天，他还作为一名收发员供职于银行，由于健康原因被迫离职，但当他能再次回到工作岗位时，却发现已经找不到工作了。

能继承祖辈基业而无须为温饱奔波的人是少数，绝大多数人都需要在社会上找一个岗位，出卖劳动力换生存。因此就业是民生之本，就业问题牵扯到每一个人的切身利益，也牵扯到社会的安定团结。所以，就业不论是在经济学教科书里还是在决策层案前都是一个重要课题。不管是发达国家还是发展中国家都很重视就业，尤其是进入 20 世纪 90 年代以来，随着经济全球化速度加快和新一轮经济结构调整，结构性失业和摩擦性失业人数大量增加，不少国家就业形势严峻。

在经济学范畴，一个人愿意并有能力为获取报酬而工作，但尚未找到工作，就被认为是失业。失业率是劳动人口里符合“失业条件”者所占的比例。造成失业的原因很多，因此失业的结构与变动情况是观察重点。

摩擦性失业指人们在寻找工作或转换工作过程中的失业。例如，年轻人在找到自己满意的职业并长期投入之前，常常会更换几次工作；或者由于居住地的变更而更换工作等。摩擦性失业最终的表现形式是求职者找不到满意的工作，用人单位也找不到自己需要的人才，造成就业难和招工难并存。

结构性失业指市场竞争或者是生产技术改变而造成的失业。例如，新型计算机产业正在大力招兵买马时，炼钢工人却因为钢铁业的衰落面临失业；当繁荣的经济特区虚位待人时，老工业区的许多工人却正在丢掉饭碗。这种因结构变化而造成的失业者，往往要忍受长时间的失业痛苦。

季节性失业指某些行业生产或产品受气候、社会风俗或购买习惯的影响，使生产对劳动力的需求出现季节性的波动而形成的失业。

周期性失业指由于整个经济周期波动造成劳动力总需求不足产生的失业，它一般出现在经济周期的萧条阶段。这种失业与经济周期性波动是一致的，在复苏和繁荣阶段，各厂商争先扩充生产，就业人数普遍增加。在衰退和谷底阶段，由于社会需求不足，前景暗淡，厂商又纷纷压缩生产，大量裁减雇员，形成失业。

失业是普遍存在的现象，不管哪个国家，都有失业者。一般来说，人们都不愿失业，都认为失业是一种不好的现象。但不少经济学家认为，一个合理的失业率及其失业现象的存在，在某种程度上能够促进人力资源最优配置，是促进社会发展所必需的条件之一。

最早研究失业问题的经济学家是凯恩斯。他指出，保证民众的就业率是政府最重要的职责。失业会造成社会不稳定，进而产生一系列恶果。凯恩斯认为，实行扩张性的财政政策是刺激就业的最佳方法，且无任何副作用，不会连累货币。许多国家的历史经验与实践并不完全支持他的学说。其实，扩张性财政政策与货币政策都会引起通货膨胀，进而给政府带来另外一个十分棘手的问题。

在这个背景下，新西兰经济学家菲利普斯利用近100年英国的统计资料，讨论了工资上升率与失业率之间的关系。他发现名义工资的上升率是失业率的递减函数，并且就算名义工资的增长率处于最低的正常水平，失业率依旧在2%～3%。菲利普斯为了更清楚地说明自己的结论，在一个坐标图上以失业率为横轴，以货币工资上升率为纵轴绘出了一条曲线，即“失业一工资”菲利普斯曲线。这条曲线由左上方向右下方倾斜、具有负斜率，表明失业率和货币工资上升率呈反方向的对应变动关系。

菲利普斯从前人忽略的地方发现了奥妙，真可谓是独具慧眼。但是，他并非凭直觉，而是有严格的经济数据作为支撑。在他的研究结果出来以后，菲利普斯的同事理查德·利普西严格地从微观劳动力市场的角度，给出了菲利普斯曲线的理论解释。他指出，失业率和劳动力市场上过度需求的程度之间呈负相关关系，也就是对劳动力的需求越多，就业机会越多，失业率越低；劳动力市场上过度需求的程度又与名义工资上升率之间的关系呈正相关。由此可以推出，失业率与名义工资上升率之间，也呈负相关关系。企业支付给工人的工资总会比市场均衡应当提供的工资水平高。企业家们总是希望用较高的工资来激励工人，从而换得他们努力生产的回报，但这最终就造成了市场上的失业现象。

通过分析工资与物价的基本影响因素，可以看出，通胀不只取决于失业状况，还和通胀预期有密切关系。因此通胀不会影响远期失业率，它仅仅是由劳动力市场的运转来决定的，而经济稳定政策仅仅能影响失业率的短期起伏。这一理论还表明，未来的政策稳定在某种程度上取决于现在的政策决定，而目前的低通胀率会造成未来的低通胀预期，进而对未来的政策决策有利。这个理论很好地解释了凯恩斯遗留下来的自愿失业现象、名义工资刚性和价格刚性，将工资、价格和就业的分析重新纳入到理性分析的轨道上。

高税收，高福利

据新加坡《联合早报》2014 年 11 月的报道，一名罗马尼亚人和她的儿子在德国申请生活津贴而遭到拒绝。欧洲联盟法院裁定，因为她没有积极地在找工作，因此德国可以拒绝给她提供生活津贴。另外，这位女士和她的儿子也没有权利申请成为德国居民，因为他们有足够经济能力来养活自己。欧洲法院指出，欧盟成员国的公民有权利居住在其他成员国，但各国可以自行公布法律，禁止移民享用与自己公民一样的福利。也就是说，欧盟成员国有权拒绝为只在本国申请福利的失业欧盟公民提供福利津贴。

英国首相府对于这个裁决表示欢迎，并称这与首相的想法相符。另外英国工党也对这个裁决表示了支持，并指出只有那些为其经济做贡献的人才应该可以依赖于福利体系。英国政府已经收紧了政策，欧盟移民在到达英国之后需要等待三个月才能够申请儿童福利和儿童税务补贴，移民如果没有找工作，即使在抵达英国的三个月之后也不可以申请失业救济金。英国广播公司 BBC 指出，英国和德国在对待滥用福利的问题上立场相同，这可能会为未来几个月做出更多的限制铺平了道路。

包括德国、英国在内的许多欧洲国家都对自己的公民提供了令人羡慕的高福利。现代福利制度起源于英国的《贝弗里奇报告》。1941 年，英国成立社会保险和相关服务部际协调委员会，着手制定战后社会保障计划。经济学家贝弗里奇爵士受英国战时内阁财政部长、英国战后重建委员会主席阿瑟·格林伍德先生委托，出任社会保险和相关服务部际协调委员会主席，负责对现行的国家社会保险方案及相关服务（包括工伤赔偿）进行调查，并就战后重建社会保障计划进行构思设计，提出具体方案和建议。第二年，贝弗里奇爵士根据部际协调委员会的工作成果提交了题为《社会保险和相关服务》的报告，这就是著名的《贝弗里奇报告》。

《贝弗里奇报告》对战后英国福利社会的建设产生了巨大的影响。这个报告主张的社会福利可以被概括为“3U”思想：普享性原则（Universality），即所有公民不论其职业为何，都应被覆盖以预防社会风险；统一性原则（Unity），即建立大一统的福利行政管理机构；均一性原则（Uniformity），即每一个受益人根据其需要，而不是收入状况，获得资助。

福利国家通常有一套强大的社会保障体系。现代社会福利制的目的，就在于给中低阶层适度提供福利保障，以缓解社会矛盾和阶级对立。建立福利国家的目的是有意识地运用政治权力和组织管理的力量，在某些领域主要是在分配领域，减缓市场机制作用的范围，矫正市场机制对无劳动能力者分配方面无能为力的缺陷，为一部分特殊的社会成员提供物质生活帮助。在福利国家里，政府有意识地对经济进行干预，在某些方面压制市场的力量，以求消灭贫困，降低社会意外事件（生病、失业等）带给公民的不安全感和伤害。

到20世纪70年代，欧洲国家基本建立了以高福利为特色的社会保障制度，包括儿童津贴、病假补助、医疗、教育、住房、失业救济、养老保险、殡葬补助等，涵盖社会生活各个方面。一个“从摇篮到坟墓”的福利体系出现在北欧和西欧。由于高福利是以高税收为前提，所以欧洲模式也称为“高福利高税收模式”。

福利虽然诱人，但沉重的税负也让人懊恼。瑞典北欧斯安银行的经济总监克拉斯·埃克隆德说，他每个月收入的近60%要用于交税，这几乎使他丧失了“多赚些钱”的积极性。欧洲委员会的“税收趋势”报告指出，2008年瑞典的个人所得税率为56.44%，丹麦为59%，是欧盟之最。在“老欧洲”中，卢森堡算最低，但也是在38.95%的高位。这就造成了有些人工作时的收入还不如吃救济的现象。法国男子提尔里就是其中之一。

提尔里从20岁起就不再工作，但他却靠着政府的福利救济一直过着神仙般的滋润生活。他开一辆黑色阿尔法·罗米欧豪华跑车，从他位于上流社区的公寓中可以俯瞰网球场。2006年，“超级懒虫”提尔里出版了自传《我，职业求职者提尔里·F》，披露他的“懒虫秘诀”。

提尔里炫耀地声称，他对法国的福利制度可谓了如指掌，因此他才能充分利用制度中的漏洞，成功地令自己“失业”。比如他目前所领的“特别互助救济金”，从理论上讲只提供给那些在过去10年里至少工作过5年的失业者。但提尔里发现，就业培训也被计算为工作时间。而罗阿讷市就业中心经常会安排他去上各种五花八门的培训班，结果，这些培训统统也算为“工作”，让他能顺利拿到救济。他说：“如果我找到了一份最低工资标准的工作，那么我每个月的收入反而比吃救济时还要少。”

现代欧洲福利制度不仅纵容了提尔里这样的“懒汉”，同时，企业为了规避雇用员工引起的高福利负担，更愿意投入到技术密集型产业，结果导致就业不足，失业率上升，转而成为政府难题。而可以投入教育、科研的公共资金不得不挪到失业救济基金里。一份资料表明，1970年德国对教育和基础建设的投入比例还占16%，而今天已经降至6.2%以下。

福利国家的支持者认为，福利国家不但有助于实现社会公平，还有助于经济的稳定。批评者声称，就增进公民的福利而言，政府并不能比个人更出色。加之经济增速放缓，社会老龄化加剧，这导致欧洲国家公共财政的可持续性令人担忧。

政府花钱必经预算

美国当地时间2013年10月1日0：01分，由于两党在医疗保险改革上的分歧，临时拨款议案没能得到通过，美国政府又关门了！

在美国，按照法律要求，任何预算支出必须通过相应的年度政府预算案的支持才算有效。在预算案因故延迟的情况下，政府可通过持续决议案对预算进行授权。1981年，时任司法部长的本杰明·希弗莱蒂对“反超支”法案进行了诠释，要求当预算案和持续决议案皆未能按时颁布，资金缺口出现时，关闭受影响的政府机构与服务。

自美国国会预算程序于1976年正式执行以来，美国政府一共停摆过18次。最严重的一次是1995年，总统克林顿否决了国会通过的临时开支议案，美国政府“关门停业”了21天。当时正值圣诞节，克林顿十分狼狈地自己掏钱付电费，才使得首都华盛顿著名的“第一圣诞树”的彩灯没有熄灭。

付电费还是小事，由于政府关门，大约有1300万靠政府福利生活的人没能按时拿到支票，图书馆、博物馆、国家公园的管理人员不上班，给百姓的日常生活带来诸多不便，也给旅游业造成损失。海关停办手续，许多外国人滞留机场。美国一些驻外机构也关门，等待签证赴美的人，只能更改机票或取消访美。克林顿被迫取消前往日本大阪出席亚太经合组织领导人非正式会议，十多位国家元首和政府首脑的会见因此告吹。

当然，有47.5万人因为属于“要害部门”的员工，必须“为人民服务”，他们必须继续上班，但一分钱的工资也拿不到。

财政预算，是公共经济学中的重要课题，它是政府活动计划的一个财务反映，体现了政府及其财政活动的范围、政府在特定时期所要实现的政策目标和政策手段。预算是对未来一定时期内收支安排的预测、计划。它作为一种管理工具，在日常生活乃至国家行政管理中被广泛采用。就财政而言，财政预算就是由政府编制、经立法机关审批、反映政府一个财政年度内的收支状况的计划。

与一般预算不同的是，财政预算具有法律效力。作为财政预算基本内容的级次划分、收支内容、管理职权划分等，都是以预算法的形式规定的；预算的编制、执行和决算的过程也是在预算法的规范下进行的。财政预算编制后要经国家立法机构审查批准后方能公布并组织实施；预算的执行过程受法律的严格制约，不经法定程序，任何人无权改变预算规定的各项收支指标，通过预算的法制化管理使政府的财政行为置于民众的监督之下。

预算的执行有三个基本环节：组织收入、拨付支出、预算调整与平衡。预算收入的执行是预算收入的实现过程。在实际执行的过程中，由于各种情况的变化，财政部门要不断地按规定进行预算调整，组织新的预算平衡。所谓预算调整，是指在预算执行过程中因实际情况发生重大变化需要改变原预算安排的行为。预算管理部门在进行预算调整时，所要遵循的法律程序与预算编制程序基本相同。

财政预算是政府调节经济和社会发展的重要工具。在市场经济条件下，当市场难以保持自身均衡发展时，政府可以根据市场经济运行状况，选择适当的预算总量或结构政策，用预算手段去弥补市场缺陷，谋求经济的稳定增长。

除了国家财政预算，企业组织甚至家庭个人都需要预算技术。从广义上来说，预算包含的内容不仅仅是预测，它还涉及有计划地巧妙处理所有变量，这些变量决定着未来努力达到某一有利地位的绩效。预算可以说是控制范围最广的技术，因为它关系到整个组织机构而不仅是其中的几个部门。

一个预算就是一种定量计划，用来帮助协调和控制给定时期内资源的获得、配置和使用。编制预算可以看成是将构成组织机构的各种利益整合成一个各方都同意的计划，并在试图达到目标的过程中，说明计划是可行的。贯穿正式组织机构的预算计划与控制工作把组织看成一系列责任中心，并努力把测定绩效的一种系数与测定该绩效影响效果的其他系数区别开来。

对于企业来说，预算有两种基本方法。首先是定期预算，也就是为下一财政年度制订一个随时期推移而改动最少的计划。一般来说，每年度的预期总费用是按月、按要素成本的活动优势分摊在全年中的。而销售的季节性波动，要求多一点关注营销和生产成本以及在波动的过程中成本的变化，这就需要滚动预算。滚动预算首先要准备一个试验性的年度计划，其中第一个季度按月份详细准备，第二、三季度的计划准备相对较为简略，而第四季度的计划只有一个大概轮廓，每月或者每季度该预算都要通过增添下个月或季度所要求的详细情况来加以修订，并且加上一个新的月份或季度，以这种方式使计划向前延伸至一年。定期预算对于处在稳定行业的公司来说常常是令人满意的，因为这些公司可以对计划期间做出相对精确的预测。相反，在更为常见的由消费者需求不确定带来的某些不规则周期活动的情况下，滚动预算具有更大的价值。

预算必须要有科学性。不切实际的预算、对预算进行缓冲以保证实现目标的预算或者仅仅关注目标的实现而没有实际行动的预算都不是好的预算。这些预算都没有关注长期后果。

对家庭和个人来说，虽然不必搞得非常复杂，但是坚守预算的理念，尽量做到“量入为出”，也是非常有必要的。

危如累卵的财政赤字

2014 年 7 月末，法国政府财政赤字高达 841 亿欧元，导致法国国债已高达 2 万亿欧元。如何偿还这些债务，法国官方电视台 24 频道出了个主意——卖掉《蒙娜丽莎》。这个建议引得法国媒体议论纷纷。

在“卖画还债”方面，葡萄牙政府已首开先河，决定卖掉胡安·米罗的几十幅画作以充盈国库。然而，这些名作估价最多不超过 5000 万欧元，对于葡萄牙政府欠下的 2100 亿欧元债务来说简直是杯水车薪。而《蒙娜丽莎》这幅国宝级的名作就不同了，它现价被估计为近 10 亿美元。法国媒体惊呼：“要是把奥赛博物馆里印象派画家的画作都卖光的话，可以一次还清 40 亿欧元的债！”

当然，尽管法国媒体讨论的气氛很热烈，但是慑于法律，目前还是没人有胆子去卖这些稀世佳作。不过，法国已经开始在合法范围内倾其所有地变卖资产了。2013 年，法国总理德鲁沃就拿出爱丽舍宫珍藏的葡萄酒进行拍卖，一共赚了 70 万欧元。英国政府也做了同样的生意，把自己酒窖中的酒拍卖了 7 万多英镑。

为了还债，欧洲国家尝试了各种可能的方法。2010 年欧洲债务危机爆发的时候，希腊深陷债务泥潭，曾经有德国议员给希腊支招：卖一些岛屿或者雅典卫城。当时的希腊外交部还一本正经地声明称绝对不会卖掉雅典卫城。这些令人大跌眼镜的买卖纷纷出炉，皆因为欧洲国家的财政赤字已经到了难以控制的地步。

财政赤字即预算赤字，指政府在每一财政年度开始之初，在编制预算时收支安排上就有的赤字。了解会计常识的人都知道，这种差额在进行会计处理时，需用红字书写，这是“赤字”的由来。赤字的出现有两种情况，一是有意安排，被称为“赤字财政”或“赤字预算”，它属于财政政策的一种；另一种情况，即预算并没有设计赤字，但执行到最后却出现了赤字，也就是“财政赤字”或“预算赤字”。

理论上说，财政收支平衡是财政的最佳情况，在现实中就是财政收支相抵或略有节余。但是，政府经常需要大量的财富解决大批的问题，会出现入不敷出的局面。

之所以会出现财政赤字，有许多原因。有的是为了刺激经济发展而降低税率或增加政府支出，有的则因为政府管理不当，引起大量的逃税或过分浪费。当一个国家财政赤字累积过高时，就好像一家公司背负的债务过多一样，对国家的长期经济发展不是一件好事，对于该国货币亦属长期的利空，且日后为解决财政赤字只有靠减少政府支出或增加税收这两项措施，对经济或社会的稳定都有不良的影响。一国财政赤字若加大，该国货币会下跌，财政赤字缩小，表示该国经济良好，货币会上扬。

财政赤字的大小对于判断财政政策的方向和力度是至关重要的。财政政策是重要的宏观经济政策，财政赤字则是衡量财政政策状况的重要指标。因此，正确衡量财政赤字对于制定财政政策具有重要的意义。非常遗憾的是，对于如何正确衡量财政赤字，经济学家并没有达成共识。一些经济学家认为，目前通常意义上的财政赤字并不是财政政策状况的一个好指标。他们认为按照目前公认的方法衡量的财政赤字既不能准确地衡量财政政策对目前经济的影响，又不能准确地衡量给后代纳税人造成的负担。

研究财政赤字对经济的影响时，最重要的理论问题是通货膨胀起什么作用。通货膨胀是政府减少自身债务的一种隐蔽方式，具有高通货膨胀率和巨额国债的国家，甚至可以通过这种公债贬值的方法来支付大部分政府支出。

财政赤字变化中的一部分是作为对经济周期波动的反应而自动地产生的。例如，当经济陷入衰退时，收入减少了，因此人们支付的个人所得税也相应地减少了，在实行超额累进所得税的国家，这种情况更容易发生。公司的利润减少了，因此公司所得税也减少了。同时，在经济陷入衰退时，政府支出倾向于增加，失业保障支出和政府救济都增加。即使决定税收和政府支出的法律没有任何变动，财政赤字也会增加。

另外，如果决定税收和支出的某些法律改变了，例如立法机关决定提高某种税率或决定增加某项政府支出，情况就有所不同。即使经济始终处于潜在的产出水平，这些措施也会增加财政赤字。

弥补财政赤字的方法包括动用历年结余、增加税收、增发货币和发行公债。由于税收法律的规定性，决定了不管采用哪一种方法增加税收，都必须经过一系列的法律程序，这使增加税收的时间成本增大，难解政府的燃眉之急。

增发货币是弥补财政赤字的一个方法，至今许多发展中国家仍采用这种方法。但是从长期来看，通货膨胀在很大程度上取决于货币的增长速度，过量的货币发行必定会引起通货膨胀，将带来恶性后果。因此，用增发货币来弥补财政赤字只是权宜之计。

通过发行公债来弥补财政赤字是世界各国通行的做法。从某种程度上来说，发行公债无论是对政府还是对认购者都有好处，通过发行公债来弥补财政赤字也最易于为社会公众所接受。但是政府发行公债对经济并不是没有影响的，首先，大多数经济学家认为在货币供给不变的情况下，公债发行会对私人部门投资产生“挤出效应”；其次，当中央银行和商业银行持有公债时，通过货币乘数会产生通货膨胀效应。因此，政府以发行公债来弥补财政赤字并不意味着经济由此而避免了通货膨胀压力。

财政赤字在一定限度内可以刺激经济增长。当居民消费不足时，政府通常的做法就是加大政府投资，以拉动经济的增长，但这绝不是长久之计。

稍纵即逝的人口红利

2014年11月18日，联合国人口基金会（UNFPA）发布了《2014年世界人口状况报告》，这份报告的主题是“18亿人的力量：青少年、青年和未来的改造”。报告认为，对年轻人的战略投资应当涵盖教育、健康、个人发展、免受暴力和歧视，在现阶段经济状况下培养他们思考和解决问题的能力，确保他们获得就业技能，这将有助于实现一个国家的“人口红利”。

报告说，当今世界年轻人数量为历史最高值，他们有能力推动世界经济进步。年轻人应被置于2015年后发展议程的中心，他们的权利和需求应在社会、经济、环境的发展框架下得到考虑。报告还说，可持续发展既要能够满足当前的需求，又要保障下一代的需要。2015年后可持续发展议程的目标是建立一个公平、繁荣的世界，所有人无论年龄大小都能有尊严、有希望地生活，赋予18亿年轻人力量将是实现这一愿景的关键。

早在18世纪下半叶，经济学家就开始探讨人口与经济的相互关系。亚当·斯密提出，经济发展导致人口增长和必要劳动力的雇用增大，而人口与劳动力的增长促进生产量的增产。与此同时扩大了对增加的生产物需要量，其结果扩大了“分工的利益”，使劳动生产率提高。他在《国富论》中曾明确地指出人口增长是经济发展的重要因素：“对一国的繁荣而言，最明确的标识是居民人数的增长。”另一位古典经济学派的代表人物大卫·李嘉图则以收益递减法则的作用为前提，认为即使生产超过人口的增长，也不能永远持续稳定地增长，从而产生了人口压力。

最早正式开展人口经济研究的是托马斯·罗伯特·马尔萨斯，他在1798年发表《人口论》，把人口与经济的关系归结为人口与生活资料之间的关系，提出了人口增长和生活资料增长的两个级数的假说，把人口过剩的原因归结为食物增长赶不上人口增长，而食物增长落后于人口增长是由于收获递减规律的作用，主张对人口增殖加以抑制，对后来的人口经济学产生了极大的影响。

所谓的“人口红利”，就是通过家庭计划生育，在比较低收入条件下，加速人口转变，形成较高比例的劳动或工作人口，既促进经济增长，又促进储蓄积累。当一个国家人口生育率迅速下降造成人口老龄化加速时，少儿抚养比例也迅速下降，劳动年龄人口比例上升，在老年人口比例达到较高水平之前，将形成一个劳动力资源相对丰富、抚养负担轻、于经济发展十分有利的“黄金时期”，人口经济学家称为“人口红利”。中国目前的人口年龄结构就处在人口红利的阶段，每年供给的劳动力总量约为1000万，劳动人口比例较高，保证了经济增长中的劳动力需求。由于人口老龄化高峰尚未到来，社会保障支出负担轻，财富积累速度比较快。

严格来说，任何完成了人口转变的国家，都会出现人口红利。但最早实现人口转变的西方发达国家，人口转变因为经历时间较长，人口年龄结构变化和经济增长的关联并不十分明显，也很少有人注意所谓的人口红利效应。而许多新兴工业化国家尤其是东亚国家，因为人口转变的历程较短，往往只用几十年的时间就走完了发达国家上百年才完成的人口转变历程，人口年龄结构变化和经济高速增长之间表现出了非常强的关联性，人口转变给经济增长带来的红利效应开始被越来越多的人注意。

日本是亚洲最早实现人口转变和经济腾飞的国家，人口红利也出现得最早，大约开始于20世纪30年代，持续了60年左右。其他亚洲国家包括中国、韩国、新加坡、泰国、马来西亚、印度尼西亚、菲律宾和越南等，差不多在晚于日本30年后出现人口红利，目前这些国家都正处在人口的红利期。

人口红利必然带来经济增长吗？观察上述处于人口红利期的国家，不难发现，这些国家经济发展水平差异巨大。最富裕的国家如新加坡人均GDP超过5万美元，而最穷的国家越南人均GDP在2013年仅有1360美元。相同的人口红利期所导致的经济增长不同，意味着人口红利并不必然导致经济增长。

事实上，人口红利更像一个机会，只有抓住这一机会并很好利用才能使"机会"转变为"红利"。从这个意义上说，人口红利只是经济增长所面临的一个有利条件：在一定时期内劳动力资源非常丰富。而这一有利条件或者说优势能否转变为实实在在的经济成果，则依赖于劳动力资源能否得到充分利用。如果在人口红利期，劳动力资源无法得到充分利用，则当人口的机会窗口关闭后，人口红利也会随之消失。

需要指出的是，"红利"在很多情况下和"债务"是相对应的，人口红利也不例外。具体来看，与人口红利相对应的人口负债，也就是不断加速的人口老龄化的影响。人口老龄化将会从多个方面影响我国经济的持续增长能力，首先，老龄化会带来社会抚养比例提高，劳动力的负担和成本加大；其次，老龄化会加大消费人口比例，降低生产性人口比例；最后，劳动力年龄结构老化将严重影响劳动生产率。上述三个方面的影响都会在一定程度上削弱经济的竞争能力，进一步影响到经济可持续增长的活力。

因此，在享受人口红利丰厚回报的时候，千万不要忘记今后可能会面对的人口负债。而要有效地化解将来的"债务"，必须做好两件事：一是必须长时期保持经济有机增长，二是必须尽快建立起覆盖全体居民的社会保障体系。

用乘数效应撬动经济

1929年10月24日，在美国历史上被称为“黑色星期四”。由于股市崩溃，5000多亿美元的资产一日间化为乌有，86000家企业破产，5500家银行倒闭，以往蒸蒸日上的美国社会被存货山积、工人失业、商店关门的凄凉景象所代替，美国经济陷入了经济危机的泥淖。到1933年，美国的国民生产总值下降了29%，失业人数由不足150万猛升到1700万以上，失业率超过1/4，整体经济水平倒退了20年。在此背景下，富兰克林·罗斯福高举以救济、复兴和改革为核心的“新政”大旗入主白宫，成为第32任美国总统。

罗斯福首先致力于维持银行信用，实行美元贬值，刺激对外贸易，限制农业生产以维持农产品价格，避免农场主破产；规定协定价格以减少企业之间的竞争，制止企业倒闭。然后他更为有力地运用行政干预，实行缓慢的通货膨胀，广泛开展公共工程建设和紧急救济，实施社会保险，以扩大就业机会和提高社会购买力。“罗斯福新政”恢复了公众对美国政治的信心，强化了联邦政府机构，并由此使美国的工农业逐渐全面恢复。在第一个任期结束的时候，美国国民收入增加了50%，“新政”效果异常明显。

“新政”的一大特色是大规模兴办公共工程，扩大政府支出，以此来弥补因私人投资减少而出现的空白，并且解决了部分就业问题。罗斯福的第一项措施，就是促请国会通过“民间资源保护队计划”。该计划专门吸纳年龄在18～25岁、身强力壮而失业率偏高的青年人，从事植树护林、防治水患、水土保持、道路建筑、开辟森林防火线和设置森林望塔等工程建设。第一批招募了25万人，在遍及各州的1500个营地劳动。到第二次世界大战前，先后有200多万青年在这个机构中工作过，他们开辟了740多万英亩国有林区和大量国有公园。

到第二次世界大战前夕，美国政府支出的工程费用达180亿美元，修筑了近千座飞机场、一万多个运动场、800多座校舍与医院，不仅为工匠、非熟练工人和建筑业创造了就业机会，甚至还给成千上万的失业艺术家提供了形形色色的工作。这笔钱经过工人的口袋、通过不同渠道和消费，又回到了企业家手中，成为以政府投资刺激经济发展的“第一推动力”。

曾经有这样一个笑话，用来讽刺人们的形式主义：马路旁边有两个工人正顶着烈日工作，一个工人在前面挖一个又一个洞，另一个工人跟在他后面，把刚刚挖好的洞填上。路人对他们的举动大为不解，有人好奇地问：“你们这是在做什么啊?”一个工人答道：“我叫杰克，我负责挖坑。那是查理，他的任务是埋土。罗伊今天没来，他的工作是种树。”

然而经济学家认为，这样的工作虽然没有种成树，但是在特定条件下，可以求得一个国家的经济繁荣发展。

经济学大师凯恩斯在其1936年出版的《就业、利息与货币通论》里明确提出：“财政部如果将用过的瓶子塞满钱，再将塞满钱的瓶子放在已经开采过的矿井里，然后用城市垃圾填平矿井，并任由私有企业按照自由放任的原则将钞票再挖出来（当然，要通过投标来获得在填平的钞票区开采的权力），这样就不会存在失业的问题，并且，社会的实际收入与资本财富极有可能要比现在多得多。”实际上，凯恩斯并不是要用这个极端的例子来鼓励政府没事找事，用纳税人的钱去瞎折腾，而是要用这个例子来形象地说明经济学里的一个重要效应——乘数效应。

乘数效应是指在经济活动中，某种经济量的变化可以引起其他经济量的变化，最终让经济总量的变化几倍于最初经济变量的现象。它是宏观的经济效应，也是宏观经济控制手段。

国民经济的各行业是相互关联且相互促动的。比如，在某部门投入一笔资金，不但会使该部门的收入增加，还会在各相关部门引起连锁反应，最后会产生几倍于投资金额的收入。凯恩斯指出，财政政策之所以被叫作政策，而非政府的单打独斗，就表示它要在社会上引起连锁反应，让效果几倍甚至几十倍于政府的投入。

为了解释这样的效果，凯恩斯提出了投资乘数理论。他举了一个比较通俗易懂的例子。当政府比正常情况下新增加一笔公共工程的投资时，因为该工程要雇用工人与购买设备及原材料，就要支付工资与货款；货款最终会变成生产设备、原材料及工人的工资。因此，投资会引起消费，消费又会变成生产消费品的工人工资，又会引起新的消费。这样循环往复下去，一笔投资便会变成几倍于该投资的需求。所以，一个扩张的财政政策的直接效果，就是财政扩张的数额乘以投资乘数。这里的关键是要看能不能让乘数效应充分地发挥出来。

乘数效应包括正反两个方面的作用，当政府投资或公共支出扩大、税收减少时，对国民收入有加倍扩大的作用，从而产生宏观经济的扩张效应；当政府投资或公共支出削减、税收增加时，对国民收入有加倍收缩的作用，从而产生宏观经济的紧缩效应。

政府每增加一笔投资，就如同投入一粒石子到湖面一样，会引起一连串生产与收入的增加。企业增加一笔投资，消费者增加一笔消费，也会产生相同的效果。当经济社会机器无法运转，工人无法就业，产品销售不出去的时候，看似浪费的“挖坑填坑”会让国民收入扩大数千倍。